KB119402

나는 미래를 꿈꾸는
이주민입니다

한겨레출판

느긋하고 다정하게

"이주민에게 '한국말 잘하시네요'라고 하는 게 비하 표현이라고요? 나는 진심으로 칭찬한 건데요?" 이주민의 인권, 차별과 혐오에 대해 학습하다 보면 가끔 듣게 되는 억울한 목소리예요. 정말 칭찬이 비하 표현이 될 수도 있는 걸까요? 상황이나 입장을 잘 모른 채 무턱대고 칭찬을 하면, 의도와 다르게 상대방이 비하로 받아들일 수도 있어요. 대체로 이주 1세대와 1.5세대들은 모어가 따로 있는 상태에서 한국어를 새로이 배운 것이니, 한국어 잘한다는 말을 칭찬으로 받아들이는 편이죠. 그러나 한국에서 나고 자란 2세, 3세라면 어떨까요. 그 칭찬에 오히려 경계 밖으로 밀려

나는 느낌을 받을지도 몰라요. 외국인으로 오해받는 상황이 언짢을 수 있고, 무시당했다고 느낄 수도 있겠죠. 내 칭찬이 '한국인다운 모습'이라는 고정관념에서 비롯된 것이 아닌지 되짚어볼 필요가 있겠어요.

대한민국의 인적 구성이 빠르게 변화하고 있는데, 사회적 인식은 그 속도를 미처 따라가지 못해요. 그 탓에 이런 삐걱거림이 곳곳에서 들려옵니다. '한국인=한민족'이라고 여겨왔던 기존 상황은 더 이상 유효하지 않아요. 이제 민족과 국적이 서로 다른 개념임을 알고, '한국인'의 의미를 민족 개념이 아니라 국적 개념으로 이해할 수 있어야 해요. 또 한국에서는 오직 한국인만 권리를 가져야 한다는 오만과 편견에서도 벗어나야 하고요. 국적과 관계없이 모든 구성원에게 보편적 인권을 동등하게 보장해야 한다는 점을 배우고 실천해야 합니다. 지금 한국 사회는 다양한 구성원들이 서로 어울려 평등한 사회 구조를 만들고 평화롭게 공존해야 한다는 큰 과제를 안고 있어요. 이런 급작스러운 변화와 요구에 당황하고 있나요? 새로 배워야 할 것도 많고 해야 할 일도 많아 부담을 느끼고 있나요? 하지만 미룰 수 없는 과제이니 함께 차분히 시작해보기로 해요. 함께 대한민국을 이루고 있는 이들이 누구인지 찬찬히 살펴보면서 서로 눈을 맞추다 보면 과제를 풀 실마리를 찾을 수 있을 거예요.

이 책에는 '이주'라는 공통적 배경을 가진 스물네 명의 화자가 등장해요. 저마다 다른 이야기를 안고 있죠. 고용허가제로 들어와 제조업이나 농업 분야에서 일하는 이주노동자, 한국인과 혼인해서 정착한 결혼이주민, 이주민 자녀 1.5세와 2세 혹은 그 뒤 세대, 어린 손주를 돌보고 있는 노년의 이주민, 미등록 이주민과 그 자녀, 귀화인, 난민, 이주민 자영업자, 이주민 운동가, 한국 생활을 마치고 자기 나라로 돌아간 귀환 이주자 등으로 다양하게 불리는 이들은, 각자 고유한 이름을 가지고 자신의 관점으로 세상을 보며 현실을 살아갑니다. 그리고 작은 목소리로 말하고 있어요.

이주민이 한국 사회에서 미래를 꿈꾼다는 말은 무슨 의미일까요? 현재 함께 살고 있는 이주노동자, 이주민이 미래에도 함께하게 된다면 사회는 어떻게 달라질까요? 또 무엇을 준비해야 할까요? 이 책에는 이런 궁금함에 대해 같이 대화를 나눌 이주민 당사자의 목소리가 담겨 있어요. 가까이 앉아 직접 눈을 맞추고 대화하는 것이 가장 좋겠지만, 그럴 기회를 갖기 어렵다면 이 책을 통해 이야기를 들어보세요. 낯설거나 막연히 멀게 느껴졌던 마음이 이야기를 듣는 사이 녹아내릴지도 몰라요. 어쩌면 직접 만나보고 싶거나 함께 어울리고 싶다는 생각이 자랄 수도 있고요. 느긋하고 다정한 마음으로 조금 더 가까이 오세요. 환영해요.

차례

1장 ········ 함께 자라다

2장 ········ 함께 일하다

3장 ········· 함께 살다

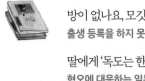

4장 ·········· 함께 변화하다

1장

함께
자라다

너를 혼자
울게 하지 않을 거야

청소년기에 입국한 청년 재섭

우리 사회에 '이주 역사'가 조금씩 쌓여가면서 어릴 적 한국으로
이주해 청년기에 접어든 이들도 늘어나고 있다. 그중 한 청년의 이야기다.
재섭은 갓 돌 지난 아이를 둔 스물네 살 아빠다.
가난과 외로움을 벗하며 자랐지만 그 눈동자에 담긴 '말'은 담담하고 푸르다.

나는 타이에서 왔어, 한국말 할 수 있어

❋

오늘 지호 돌잔치를 했어요. 방글거리는 지호를 보고 있으
니 내 어릴 적 모습이 떠오릅니다. 자다 깨어난 어린 내가 어둠 속
에서 울고 있어요. 엄마 잠자리는 텅 비어 있고요. 할머니가 말없
이 내 작은 등을 쓸어내립니다. 나는 머리를 흔들어 애써 현실로
돌아왔어요. 마이크를 잡는 걸 보니 지호는 커서 연예인이 되려나
봐요.

네 살 때, 엄마 결혼식장에서 한국 아빠를 처음 만났어요. 아빠

가 누구인지 모르고 자란 나는 아빠가 있다는 게 어떤 느낌인지 몰랐어요. 결혼하고 한국으로 떠났던 엄마가 가끔 한 번씩 타이 집에 오면, 내가 울고 매달릴까 봐 꼭 자고 있을 때 떠나곤 했어요. 할머니 말씀이, 엄마도 울면서 갔대요. 엄마가 돈을 보내왔지만 우리 가족은 늘 돈이 없었어요. 가난한 재랑 놀지 마, 그런 말도 자주 들었어요. 부모님들이 미리 맡겨놓은 돈으로 매일 10밧(약 380원)어치씩 간식을 주고 기록하는 학교 장부에는 내 이름에만 빨간색 숫자가 쓰여 있었어요. 너는 마이너스인데 왜 자꾸 간식을 먹느냐고 선생님이 타박했어요. 간식 빚을 줄여보려고 다른 친구 이름에 몰래 내 간식 값을 써놓던 날은 가슴이 벌렁벌렁했어요.

엄마는 내가 초등학교만 졸업하면 한국으로 데려갈 테니 조금만 참으라고 달래곤 했어요. 하지만 나는 겁도 없이 피시방에 들락거리고 밤거리를 배회했어요. 그 소식에 놀란 엄마는 마약 패거리한테 걸리면 끝장이라며 당장 한국으로 가자고 했어요. 초등학교 졸업을 일주일 앞둔 날, 나는 친구들에게 인사도 못 하고 한국으로 왔어요. 나중에 페이스북으로 찾아 연락한 어릴 적 친구들은 내가 실종된 줄 알았다고 꽥꽥거렸어요.

한국에 와서도 사는 건 쉽지 않았어요. 단칸방에 엄마와 어린 동생, 아빠가 같이 살았어요. 아빠 사업이 망해서 힘들다고 했어요. 어디라도 같이 갈 때면 엄마는 빨리 걸으라고 내 등을 밀며 재촉했어요. "한국에서 살아남으려면 느려서는 안 된다!" 엄마는 고작 열세 살짜리에게 그런 말을 했어요.

김치 먹는 일은 또 얼마나 고역이었게요. 맵고 신 김치는 진저리가 났어요. 김치를 먹어야 한국인이 된다는 말에 겁도 왈칵 났고요. 영영 한국인이 못 되면 어쩌나! 나중에 학교 급식으로 나온 이파리 많은 안 매운 김치 덕분에 나는 간신히 한국인이 되었어요. 나는 한국어를 몰라서 곧바로 학교에 갈 수 없었어요. 이주민 센터에서 노동자 형들과 함께 한국어를 배웠죠. 한 대학생 선생님이 있었는데, 내가 숙제도 안 하고 까불까불 도망 다니니까 어느 날 나를 아예 밖으로 데리고 나갔어요. 같이 걷고 놀며, 저게 뭐지? 고양이! 고양이가 무슨 색깔이지? 이런 식의 길거리 수업을 했어요. 그렇게 나는 한국어에 마음을 조금씩 붙여갔어요.

그 뒤로는 공부방에 다니며 말을 더 배우고 중학교에 갔어요. 교장 선생님이 잘하든 못하든 풀어보라며 준 국어와 수학 시험지는 별로 안 어려웠어요. 75점을 맞아 입학을 허락받았죠. 내 이름표에 쓰인 '반야'라는 낯선 이름을 보고 아이들이 신기해했어요. 나는 처음부터 사실대로 얘기했어요.

"나는 타이에서 왔어, 한국말 할 수 있어."

학교 친구들과 피시방에 같이 다니며 잘 지냈지만, 딱히 '친구'라 할 만한 친구는 없었어요. 속마음을 나눌 사람도 없었고요. 친구들은 생일이 되면 같이 모여 생일 파티를 하던데 나는 한 번도 초대받지 못했어요. 섭섭함이 가슴 한가득 차올랐어요. 학교만 끝나면 혼자가 되었어요. 우울한 마음에 공부방에도 가고 싶지 않았어요. 피시방에서 사춘기를 다 보냈죠. 엄마와 주변 사람들은 실망하고 안타까워했지만 헤어나지 못했어요. 나는 그렇게 방황했어요.

춥고 배고픈 밤의 끝에

※

아빠는 매일 술을 드셨어요. 어린 나를 술상 앞에 앉혀두고 넋두리를 하고 또 했어요. 한번은 그런 아빠에게 대들다 스탠드 옷걸이가 부러질 만큼 맞기도 했어요. 엄마는 나를 감싸려고 울면서 싸웠어요. 그날 엄마랑 나는 신발도 못 신고 뛰쳐나와 둘이 끌어안고 차에서 잤어요. 우리 가족 상황은 아주 바닥이었어요.

엄마는 쉼 없이 일했지만 돈은 항상 없었어요. 엄마가 먼 식당으로 일하러 가면서 동생을 데리고 갔어요. 나는 아빠와 함께 지하 방을 얻어 지냈어요. 아빠는 주로 회사 기숙사에서 자면서 가끔 집에 들러 밥 먹으라고 1~2만 원씩 주고 갔어요. 나는 버스비도 없었어요. 하루는 집에 들어갔더니 문에 전기를 끊겠다는 경고문이 붙어 있었어요. 가스는 이미 끊겼는지 보일러도 멈췄어요. 곧이어 집주인이 내려와서 문을 두드렸어요. 방에 불이 켜지길 기다렸던 것 같아요.

"집에 있는 거 다 아니까 문 열어! 월세 언제 낼 거야!"

나는 무서워서 얼른 불을 끄고 이불을 뒤집어썼어요. 이불자락으로 귀를 틀어막았어요. 이불 속에는 퀴퀴한 냉기가 가득했어요. 쾅쾅 문을 치던 소리가 한참 만에 멈추더니 집주인이 신발을 끌며 올라갔어요. 가스버너를 켰어요. 푸르게 작은 불이 올라오더니 이내 사그라졌어요. 손이 오그라들었어요. 배 속 깊은 데서 울음이 솟구쳐 올라왔어요. 춥고 어둡고 배고픈 밤이었어요.

나는 엄마를 도우려고 열심히 아르바이트를 했어요. 중학생은 안 받아준대서 고등학생이라고 거짓말을 했죠. 적은 돈이라도 엄마에게 드릴 수 있어서 좋았어요. 어릴 때 할머니가 자주 했던 말이 있어요. 죄를 지으면 죽을 때 다 지고 가서 몇 만 배로 갚아야 한다고, 수많은 죄 중에 가장 나쁜 죄는 부모를 울게 하는 죄라고, 나는 엄마 눈에서 눈물 나지 않게 하려고 간절히 애를 썼어요.

엄마는 내게 고등학교에 안 가면 어떻겠느냐고 했어요. 일찍 돈을 벌면 좋겠다고. 마음이 엎치락뒤치락하다 가야겠다고 하니 엄마는 돈 걱정에 눈을 질끈 감았어요. 그때 나는 입양 절차를 밟던 중이라 아직 외국인 신분이었고, 그래서 무얼 지원받기가 힘들었어요. 그토록 어렵게 간 고등학교였지만 성적은 별로였어요. 국어 시간에 사자성어가 나오면 그야말로 '멘붕'이 왔어요. 한국 애들 중에 나보다 성적이 낮은 애들이 있었는데, 그건 진짜 신기한 일이었어요.

한번은 행사에서 만났던 한국 애들과 좀 깊게 이야기를 나눌 기회가 있었어요. 내가 엄마 없이 어린 시절을 보내고 한국 와서 적응하느라 고생한 이야기를 하니 아이들이 놀라워하며 걱정을 해줬어요. 애들도 자기 이야기를 했어요. 나 혼자 생각에 한국 애들은 배고픈 일 없이 만사 편하게만 지내는 줄 알았는데, 애들은 성적이나 대학 스트레스 때문에 너무 힘들다고 했어요. 오히려 내가 피시방에 맘대로 가는 것을 부러워하더라고요. 우리는 서로 공감하고 위로했어요. 낯설지만 따뜻한 경험이었어요.

청소년 국제교류 행사 참여자로 뽑혀 타이에 있는 미얀마 난민 캠프를 방문한 적이 있어요. 내가 타이어를 하는 덕분에 얻은 행운이었죠. 그때 처음 내 나라 타이가 마냥 좋은 나라가 아니라는 것을 알았어요. 미얀마인들이 타이로 밀입국하다 생사가 갈리고, 가족과 생이별하고, 일한 돈도 못 받고 쫓기는 이야기를 들으니 내 걱정거리는 절로 머쓱해졌어요. 이런 경험들은 나를 성숙하게 만들어줬어요. 작은 고난쯤은 툭 털어낼 수 있게 용기를 주었죠.

나에게 힘이 된 타이어 능력

✽

그러면서도 나는 빨리 한국인이 되고 싶었어요. 재섭이라는 이름을 미리 지어서 선생님과 친구들에게 불러달라고 부탁했어요. 입양 절차가 끝나고 드디어 한국 국적을 갖게 되었을 때, 나는 혼자 법원으로 달려가 개명 신청을 했어요. 어려서 그랬던 걸까요, 남들과 다른 것이 그렇게 싫었어요. 내 이름이 나쁜 꼬리표인 듯 빨리 떼어버리고 싶었어요. 돌이켜보면 내가 왜 그랬을까 싶어요. 지금은 다시 '반야'가 좋아요.

친구들처럼 나도 대학에 가고 싶었어요. 성적은 나빴고, 우리 집 사정은 더 나빴어요. 엄마는 내가 어서 돈 벌기를 기다리고 있었어요. 나는 내 인생이 애처로웠어요. 아무 희망도 기대도 없이 무턱대고 수능을 봤어요. 수능 성적은 별로였지만 학교에 원서도 내봤어요. 막상 합격하니 마음이 더 쪼그라들었어요. 어차피 가지도 못할 걸 왜 시험을 봤을까, 왜 원서를 냈을까. 망설임과 한숨 끝에 나는 등록금을 얻으러 다녔어요. 엄마도 나를 말리지 못했어요. 주변에서 내 사정을 알고 장학금을 연결해주고, 잘했다고 토닥여주기도 했어요. 장학금에 학자금대출에 아르바이트로 버텨가며 간신히 관광학과를 졸업했어요. 어릴 적 간식 장부에 적힌 빨간 글자를 떠올리며 절대 빚지지 말자고 다짐했건만 빚을 피할 방법은 없었어요.

졸업을 앞두고 여행사에 취직했어요. 타이어를 잘한다는 것이 내게 큰 재산이었죠. 타이에서 온 손님을 가이드하며 여행사 업무를 익혔어요. 관광버스 운전을 하는 아버지는 좋은 관광코스를 소개해주고, 일정 짜는 방법도 알려주며 큰 도움을 주었어요. 나는 일하다 막히면 아버지에게 조언을 구했어요. 아버지는 여전히 술을 좋아하지만 전과는 아주 달라졌어요. 폭언하거나 때리는 일도 없어졌죠. 동생들과 나를 차별하지도 않아요. 가끔 속상한 일이 생기면 나에게 같이 한잔하자고 하시죠. 아버지와 나는 좋은 부자 사이가 되어가고 있어요.

가이드로 실적을 꽤 올렸지만 회사는 무척 실망스러웠어요. 몇 달이나 월급이 안 나오더니 문 닫을 거라는 소문이 돌고, 곧 사장도 사라져버렸어요. 취직만 하면 다 해결될 줄 알았는데 역시 인생은 롤러코스터였어요. 마냥 주저앉아 있을 수 없어 마음을 다잡았어요. 새 일자리는 법률사무소 통번역 일이에요. 나는 이 일을 하며 자부심을 느꼈어요. 어려운 상황에 놓여 있는 사람을 돕는 것이 이렇게 기쁜 일이라니! 게다가 다른 사람의 인생 이야기를 들으며 내 인생에 대해서도 생각할 기회를 갖게 되었어요.

나에게 가장 큰 기쁨은 아내 마리와 지호죠. 가정을 이루고 아

빠가 되기에는 아직 이르다고 주변에서는 걱정하지만 나는 지금 행복해요. 대학생 때, 한국어 통역을 해주려고 만났다가 사랑하게 된 마리는 참 단단한 사람이에요. 두 사람은 나를 지켜주는 힘이고, 버티게 하는 힘이죠. 온 세상을 쏠고 다닐 듯 힘차게 기어 다니는 지호를 위해 나는 또 큰 결심을 했어요. 거금을 대출받아 방 두 개짜리 집을 얻었어요. 이게 바로 아빠 마음이겠죠? 지호가 어둠 속에서 혼자 울지 않도록 항상 곁에 있는 아빠가 되고 싶어요.

한 아이를 키우려면 온 마을이 필요해요

낯선 사회로 옮겨 가 사람을 사귀고 언어와 문화를 새로 익혀 적응하는 것은 누구에게나 어려운 일이겠지요. 특히 한창 자아가 발달하고 정체성을 형성해가는 청소년 시기라면 그 어려움은 더욱 커질 거예요. 이주 청소년이 잘 적응하도록 도울 방안을 찾으려면 한 사람 한 사람의 삶을 종합적으로 이해할 필요가 있어요. 어디서 태어나 몇 살까지 어디서 누구와 살았는지, 모어는 무엇이고 한국어를 얼마나 하는지, 체류 자격은 무엇인지, 이주해 온

주된 이유가 무엇인지, 한국에서 누구와 살고 있는지, 향후 어디에서 주로 살게 될 것인지, 경제 사정과 보호자의 입장은 어떠한지 잘 살펴야 하죠. 그 이해를 바탕으로 개개인에 맞는 방향을 찾아 자원을 연결한다면 적응이 좀 더 수월해질 것입니다. 학교에 진학한 뒤에는 학습이나 교육복지를 비롯해 모든 학생에게 보장된 권리를 같이 누리며 그 안에서 사랑받을 수 있도록 살펴야겠지요.

아프리카 속담에 '한 아이를 키우려면 온 마을이 필요하다'는 말이 있어요. 이주 청소년도 마찬가지랍니다. 이주 청소년이 겪는 생존, 언어 습득, 인간관계 형성, 학습과 진학, 사회 진출, 결혼과 자녀 양육 등의 과정은 그 한 단계 한 단계가 다 높고 단단한 벽입니다. 누구라도 그 벽에 부딪혀 깨지지 않도록 사회가 같이 벽을 무너뜨려가면 좋겠어요. 이주 청소년이 사회 구성원으로 자리 잡는 과정을 온 마을이 지켜보며 적절하게 힘을 보태고, 더불어 더 넉넉한 마을을 이룬다면 모든 이의 삶이 보다 든든해질 것입니다.

반바지를 입지 말라고?
갑자기, 왜!

이주 1세대 부모와 갈등을 겪는 수정

이주 가정은 서로 다른 정체성의 사람과 문화가 만나 섞이고
충돌하고 타협하는, 그야말로 치열한 다양성의 현장이다.
필리핀 출신 어머니를 둔 열다섯 살 수정은
그 안에서 울퉁불퉁 아슬아슬하게 파도를 넘고 있다.

열한 살 겨울, 새아빠를 만났다

가출했다. 계획했던 일은 아니었다. 그냥 너무 답답하고 화
나는데 다른 방법은 생각이 안 났다. 재희에게 말했다. 재희랑 나
사이에는 비밀이 없다. 동갑인 데다 둘 다 필리핀 엄마를 둬서 그
런지 우리는 자매같이 친하다.

"나 집 나왔어."

"엥? 왜?"

"아빠 땜에. 아씨, 정말 웃기지도 않아."

안 울려고 했는데 눈물이 났다. 억울하다. 화난다.

지금 아빠는 새아빠다. 친아빠는 따로 가족이 있다. 엄마는 친아빠 얘기를 잘 안 하지만 나는 다 안다. 아빠가 바람을 피웠다. "네 아빠가 먼저 배신 때린 거야." 소피아 아줌마가 고급진 한국어로 말해줬다. 소피아 아줌마는 재희 엄마다. 아빠가 엄마랑 말이 잘 안 통한다고 밖으로만 돌았다고, 그러다 다른 사람을 만나 애기까지 생겼다고, 애기를 낳은 뒤에야 엄마가 그 사실을 알게 됐다고 했다. 엄마가 많이 울었다고, 역시 아줌마가 말해줬다. 말이 안 통할 줄 모르고 필리핀 사람이랑 결혼했나? 치사한 변명이다. 소피아 아줌마는 또 말했다. "어른들 일은 좀 복잡해. 너도 크면 이해할 거야." 참나, 무슨 이해? 그런 이해 따위 하고 싶지도 않다.

내가 네 살 때 아빠와 헤어진 엄마는 나를 혼자 키웠다. 헤어졌어도 아빠는 엄마의 비자 연장이나 국적 따는 것을 도와줬다고 했다. 귀화 면접 때도 같이 갔다. 내 손을 잡고 아주 친한 척을 했다. 그때는 몰랐는데 지금 생각하면 토 나온다. 알고 보니 비자니 귀화니 도와준 것은, 알아서 먹고살라는 거였다. 엄마와 나를 버리려고 차근차근 준비한 거다. 지가 아빠면 책임질 건 책임져야지! 너는 이제 아빠도 아냐!

엄마는 지독하게 일했다. 화장품 용기 만드는 사출 회사에서 오래 일했는데, 엄마는 야간 수당을 받아야 돈이 된다고 죽어라 야간 일을 했다. 애기 때는 소피아 아줌마 집에서 재희랑 같이 잤고 초등학교에 입학하면서부터는 우리 집에서 나 혼자 잤다. 밥 잘 챙겨 먹고 현관문과 창문도 꼭꼭 잠그라고 엄마는 말하고 또 말했지만, 나는 이미 용감하고 야무진 어린이였다. 혼자서도 다 잘했다.

　엄마는 쉬는 날이면 이불 속에서 핸드폰을 붙잡고 지냈다. 채팅을 하느라 시간 가는 줄 몰랐고, 아줌마들과 통화도 길게 했다. 통화할 때 엄마는 필리핀 타갈로그어와 영어에 한국어가 조금 섞인 말을 쓴다. 나는 비록 영어와 타갈로그어를 할 줄 모르지만 무슨 뜻인지 대충은 안다. 힘들고 아프다는 말을 자주 했고, 내 이야기도 자주 했다. 가끔은 내 얘기 하지 말라고 소리를 지르기도 했지만 그냥 넘어가줄 때가 많았다. 엄마가 불쌍했다. 엄마는 예쁜 얼굴인데 화장을 안 했다. 항상 일에 찌들어 살았다. 쉬는 날도 잠 자고 통화하면 하루가 다 지났다. 어디 놀러 가는 것도 거의 못 봤다. 가끔 나 데리고 마트에 가는 게 나들이라면 나들이랄까. 그러던 엄마가 갑자기 결혼을 했다! 잠잘 시간도 없는 사람이 남자를 어떻게 만난 거야? 새아빠는 옷 가방만 가지고 집으로 들어왔다. 열한 살 겨울이었다.

'최애 음식' 삼겹살이 사라졌다

✳

나는 좋았다. 친아빠한테 복수하는 느낌도 들었다. 이제 엄마가 고생 덜 하겠다고, 소피아 아줌마가 그랬다. 그 말이 맞았다. 엄마는 야간 일을 그만뒀다. 그리고 자주 웃었다. 아빠는 파키스탄 사람이었는데, 한국어를 잘 못했다. 그래서 엄마는 새아빠랑 영어로 대화했다. 아빠가 나에게 하는 한국어는 '말'이라기보다 단어와 단어를 나열한 것에 가까웠다. "네가 가르쳐줘." 엄마가 부탁하지 않아도 그럴 생각이었다. 아빠가 옷도 사주고 놀이공원에도 데려가주었다.

다른 변화도 따라왔다. 엄마가 갑자기 삼겹살을 안 해줬다. 둘이서만 살 때는 반찬 없다고 삼겹살, 밥하기 귀찮다고 삼겹살, 여러 이유로 삼겹살을 많이 먹었다. 내 최애 음식도 삼겹살이다. 그런 삼겹살이 집에서 사라졌다. 내가 삼겹살을 먹자고 조르면 아빠가 야간 하는 날 밖에서 사주곤 했다. 엄마는 가끔 마시며 행복해하던 맥주를 안 먹었다. 할랄 가게에서 식료품을 사는 일도 많아졌다. 거기 닭고기는 꽤나 비싼데 굳이 거기서 샀다. 갑자기 왜?

봄과 함께 반바지 전쟁이 시작되었다. 어느 날, 엄마가 반바지를 입고 나가는 나를 붙잡아 세웠다. 긴바지로 바꿔 입으라고 했다. 그런 말은 생전 처음 들었다. "싫어! 옷도 내 맘대로 못 입어?" 슬픈

표정을 하는 엄마를 뒤로하고 나는 쌩 도망 나왔다. 그런데 왜?

그날 저녁 엄마는 나를 붙잡고 사정사정했다. 나는 듣는 척도 하지 않았다. 엄마는 내 옷 중에 반바지와 짧은 치마를 다 찾아서 가지고 나갔다. 나는 펄펄 뛰며 성질을 냈지만 엄마는 단호했다. 엄마가 변했다. 그다음엔 춤추는 것을 금지당했다. 친구들과 모이기만 하면 하는 일이 방송 댄스 연습인데, 그걸 하지 말라고 했다. 엄마 앞에서 에이오에이AOA의 '심쿵해' 춤을 흉내 내던 나는 그 말에 심장이 쿵 했다. "엄마, 갑자기 왜 그래?" 앙칼지게 대드는 내 앞에서 엄마는 또 울 것 같은 얼굴이었다. 도대체 왜?

새아빠는 무슬림이다. 할랄 음식을 먹어야 한다거나 돼지고기나 짧은 옷, 댄스를 금지하는 이유가 다 아빠가 이슬람교를 믿기 때문이라고 했다. 왜 무슬림이 됐느냐고 물으니, 태어날 때부터 그랬기 때문에 이유는 생각해본 적이 없다고 했다. 아빠 나라에서는 거의 모든 사람이 이슬람교를 믿기 때문에 아주 당연한 일이란다. 다른 종교를 가진 사람들을 더러 알고 있었지만, 아예 신을 믿지 않는 사람들은 한국에서 처음 만났다고 했다.

아빠는, 무슬림은 하루 다섯 번 기도한다고 말하면서도 진짜로는 잘 못 지켰다. 아침에 일어났을 때와 잠자기 전에만 기도한다. 처음 한국 와서는 다섯 번 다 지키려고 노력했는데 근무시간에 기도하다가 욕을 왕창 먹은 뒤로는 못 했다고 한다. 무슬림의 의무를 다하지 못한다는 생각에 슬프다고 했다. 아빠가 집에서 기도하는 것을 자주 봤다. 아빠는 붉은색 양탄자를 펴고 단정한 자세로 기도했다. 엎드려 절하는 모양은 세배하는 것과는 좀 달랐다. 경건해 보이기도 했다. 신기하고 재미있었다.

아빠가 기도할 때 엄마도 수줍게 따라 했다. 나한테도 해보랬는데 단호하게 거절했다. 가끔이었지만 성당에 다니던 엄마는 이슬람교를 받아들였다고 했다. 그래야만 결혼할 수 있다고 해서 그랬단다. 엄마가 웃겼지만 나는 참견하지 않을 작정이었다. "나는 잘 몰라. 그냥 하라는 대로 하는 거야. 히잡은 안 쓸 거야. 히잡까지 쓰면 너무 힘들 거라고 아빠가 쓰지 말래." 엄마가 조심스럽게 말했다. 히잡 안 쓰는 게 지금 자랑이야? 하는 말이 꽥 튀어나올 뻔했다. 어쨌든 좋아, 엄마 선택이니까 존중하겠어.

어벙하다, 딱 촌년이다

✳

엄마가 종교를 바꾼 것까지는 좋은데 그걸 나한테까지 들이미는 것은 사양이다. 이것저것 금지 항목이 늘어났지만, 금지한다고 못 하는 것은 아니다. 풉! 아빠는 한국을 몰라도 너무 모른다. 춤은 밖에서 얼마든지 출 수 있고 돼지고기도 몰래 먹을 수 있다. 그런데 옷은 진짜 큰 문제였다. 중학생이 되면서 아빠가 더 엄격해졌다. 눈이 나만 따라다니는 것 같았다. 엄마는 교복을 사러 가서 무릎을 덮는 치마를 달라고 했다. 입이 잔뜩 튀어나온 나를 보고 사장님이 웃었다. 요즘 애들이 다 짧게 입어서 긴 치마는 아예 안 나와요. 엄마는 울 것 같은 표정이었다. 그런 표정 짜증 난다.

엄마는 그중 제일 크고 긴 사이즈를 골라 나에게 억지로 입혔다. 말할 것도 없다. 어벙하다. 딱 촌년이다. 나는 치마를 벗어 던지고 나와버렸다. 저녁에 집에 가니 엄마 아빠 옆에 그 치마가 같이 앉아 있었다. 나는 아빠랑 말하기도 싫었다. 눈도 마주치기 싫었다. 엄마는 나만 설득하려 들었다. "아빠가 너를 사랑하기 때문에 네가 무슬림의 딸답게 자라기를 바라는 거래." 뭐? 정말 웃긴다. 나는 그 종교를 믿지도 않는데 내가 왜 그래야 하는데? 도대체 왜?

나는 줄창 체육복을 입고 집을 나섰다. 학교 화장실에서 짧은 교복 치마로 갈아입고 아무 일 없다는 듯 교실로 들어갔다. 나름 치밀한 나는 그렇게 1년을 버텼다. 하지만 이제 그것도 끝이다. 나는 곧 숨이 막혀 죽을지도 모른다.

아빠가 짧은 교복을 입고 남자애랑 같이 걸어가는 나를 봤단다. 걔는 그냥 우리 반 애다. 같이 걸어간 것도 죄인가? 집에 들어갔더니 잔소리가 쏟아졌다.

"수정, 스쿨 유니폼. 프로블럼, 그거 안 돼. 남자, 그거 뭐야?"

얼마나 다급했던지 엄마한테 시키지도 않고 자기가 직접 말했다. 한국말도 잘 못하는 주제에 잔소리는 잘도 했다. 내가 너무 잘 가르쳤다!

"정말 이렇게 다 참견할 거예요? 싫어요. 싫다고요. 아빠면 다 예요?"

꽝! 쏘아붙이고 방문을 거세게 닫는 것밖에는 할 수 있는 게 없다. 너무 한심하다. 별일도 아닌데 눈물이 났다. 저런 아빠는 차라리 없었으면 좋겠어. 처음 왔을 때처럼 가방 들고 가버려! 세 살짜리 동생 민정이가 문을 콩콩 두드리며, 언니이, 하고 불렀다. 나는 모른 척했다. 엄마고 민정이고 다 싫다.

홧김에 집을 나왔지만 갈 곳이 없었다. 고맙게도 재희가 자기 집으로 나를 끌고 갔다. 소피아 아줌마가 엄마한테 전화했다. 오늘은 여기서 재운다, 걱정하지 마. 타갈로그어로 빠르게 말하던 아줌마는 그 말만 아주 천천히 한국어로 했다. 나 들으라는 듯이.

"엄마, 울어요?"

"몰라, 그런 것 같기도 하고."

엄마가 울었으면 좋겠다. 펑펑 울면서 아빠랑 헤어지면 좋겠다. 아니, 그럼 두 번이나 이혼한 여자가 되는데! 그럼 민정이도 아빠 없는 애가 되겠지? 그건 안 돼. 나만 없어지면 다 편하겠지? 내가 사라질까? 학교 그만두고 아르바이트해서 방을 따로 얻을까? 마음속이 새까만 연기로 가득했다. 열다섯 살 인생이 너무 거지 같다. 밤늦게 엄마가 찾아왔다. 엄마가 울었다. 엄마가 우는 게 싫다.

아프기는 부모도 마찬가지

어느 가정이나 부모와 자녀 간에 크고 작은 갈등을 겪게 마련이지요. 이주 가정 역시 마찬가지입니다. 어쩌면 그 무게와 진동이 더 클 수도 있어요. 본국에서부터 지켜온 문화와 전통, 사고방식과 종교를 유지하는 부모들은 자녀 또한 그에 따라주기를 바라거든요. 반면 현시대 한국의 또래 문화를 접하며 자라는 자녀들은 부모의 기대에서 자주 벗어납니다. 갈등은 때로 억압과 폭력으로 이어지기도 합니다.

수정이가 아주 난감한 상황에 놓였네요. 종교적 특성이 담긴 가부장적 규율을 요구하는 새아빠가 등장하면서, 엄마와 둘이 살며 맺은 신뢰와 삶의 조화가 어긋나고 있으니까요. 그런데 아프기는 부모들도 마찬가지예요. 자기 문화를 지키는 동시에 자녀가 이 사회에서 안녕하도록 지지하는 방법을 몰라 무척 당황하고 있거든요. 가족끼리 알아서 해결하기 어려운 문제죠. 이주 부모들이 자녀 양육과 교육을 어떻게 해야 할지 연구하고 그 방법을 각 가정과 공유하면 도움이 되지 않을까 해요. 또 이주 1세대가 이웃을 만나고 한국 문화를 접하면서 재사회화할 수 있도록 지역사회 활동 참여 기회를 마련하는 것도 좋겠어요.

어느 나라 출신이든
우린 같은 '사람'인데요

군대에 다녀온 청년 다니엘

다니엘은 1년 8개월간의 육군 복무를 마치고 전역한 청년이다.
한국인 어머니와 파키스탄 출신 귀화인 아버지를 두었으며,
유아 시절을 파키스탄에서 보내는 등 남다른 성장 과정을 거쳤다.

방심하면 어김없이 터지는 폭탄

✳

군에서 전역하고 사회에 나와보니 온 세상이 다 빛나 보였
어요. 그 해방감, 무엇이든 할 수 있을 것 같은 느낌을 무어라 표현
할 수 있을까요. 의지 만렙 상태로 100군데쯤 이력서를 넣었어요.
그중 열 회사에서 면접을 봤고, 한 회사에서는 신입사원 교육까
지 받았어요. 그 회사는 아주 특이한 회사였어요. 부동산 회사에
서 전표 정리 직원을 뽑는다고 해서 서류를 넣었는데, 면접을 통
과한 후에는 부동산 투자에 대한 교육을 며칠 받았어요. 3일째 되

는 날 회사로 갔는데 꽤 많은 사람들이 티엠TM, 텔레마케팅 업무를 하고 있더군요. 아무에게나 전화를 걸어 좋은 땅 있으니 투자하라고 권하는, 생소하고 믿기 어려운 일이었어요. 뜨악한 분위기를 눈치 챘는지 팀장이 우리를 지하 주차장으로 데려갔어요. 즐비하게 서 있는 외제 차들. 이런 차 몰고 싶지 않냐, 너희도 2년이면 나처럼 팀장 자리에 올라올 수 있다, 사탕발림이 줄줄 이어졌어요. 사실 잠깐 혹하기도 했어요. 하지만 곰곰이 생각해보니 그게 아닌 거예요. 그렇게 쉬운 거라면 빼곡하게 앉아서 티엠 업무를 하던 그 많은 사람들은 뭐란 말인가요. 사기당하는 것 같은 느낌이 들어 다음 날 출근을 안 했어요. 그 뒤로 더 열심히 구직 활동을 해서 얼마 전 사무용 복합기를 다루는 회사에 취직해서 다니고 있어요. 아주 작고 따뜻해서 가족 같은 느낌이 드는 회사죠.

나는 한국에서 태어나 아기 때 파키스탄에 보내졌어요. 할머니와 고모 손에 자랐죠. 부모님이 나를 키우며 일하기 버거워서 보냈던 것 같아요. 우르두어를 조잘조잘하다가 다섯 살 때 한국에 돌아와 한국어를 새로 익히며 학교에 다녔어요. 초등학생 시절은 말 그대로 폭탄을 안고 산 시기였어요. 내 사춘기가 격했나 싶겠지만 폭탄은 내가 아니라 부모님이었어요. 부모님 사이에 어떤 문제가 있었는지 두 분은 자주 싸웠어요. 그냥 말다툼이 아니라 큰 소리가 나고 뭔가 깨지고 부서지는 싸움. 아침부터 낮까지 조용해서, 오늘은 안 터지나 봐, 잠깐 방심하면 밤에는 어김없이 터지는 폭탄. 그럴 때마다 나는 어쩔 줄 몰랐어요. 불안한 마음으로 잠들었다가 와장창 깨지는 소리에 깨어나, 꼼짝도 못 하고 속으로만 망설였어요. 내가 깨어 있다는 걸 알려야 할까, 그냥 자는 척 가만있어야 할까. 망설임이 길어지면서 나도 그 상황에 익숙해졌어요. 저러고 살 바에야 따로 사는 게 낫지 않을까, 만약 헤어지게 되면 나는 누구랑 살아야 할까. 나는 혼자 묻고 답했어요. 처음에는 엄마랑 살고 싶다고 생각했어요. 엄마가 불쌍해 보이고 아빠에 대한 반감이 커지던 중이었으니까요. 어느 날 진짜로 엄마가 나에게 물었어요. 누구랑 살래? 그 뒤로 자주 반복되는 질문. 내 대답은 계속 '엄마'였는데 중학생이 되면서 '아빠'로 바뀌었어요. 한국에 가족이 없는 아빠를 두고 나까지 떠날 수 없다는 생각이 들었어요. 그 대답 후 엄마는 집을 떠났고 다시 돌아오지 않았어요. 그 생각을 하면 지금도 후회가 불쑥 올라와요. 그때 내가 말렸더라면 좀 다르지 않았을까, 가슴 아픈 후회, 막연하고 늦은 후회. 한동안 아빠랑 둘이 살다가 새엄마를 맞았어요.

잊어버린 우르두어는 찾았지만

✷

집에서뿐만 아니라 학교생활도 곤혹스러웠어요. 쉬는 시간마다 담배 피우러 내려가는 친구들, 틈만 나면 싸워대는 애들 때문에 매일 싸움 말리는 게 일이었어요. 우리는 한데 묶여 '꼴통 학교'였고 다 '꼴통들'이었어요. 그때는 그것이 모든 중학교의 일반적인 모습인 줄 알았어요. 고등학교는 이보다 더하겠지, 각오해야겠군. 불안한 마음을 누르며 특성화고등학교 입학을 기다리던 12월, 나는 아빠의 긴 출장길에 억지로 끌려갔어요.

아빠도 그럴 만한 이유가 있기는 했어요. 아빠가 말레이시아로 출장 가 있던 중2 때 어느 날, 나는 새엄마에게 억울한 꾸중을 듣고 집을 나갔어요. 너무 화나고 집에 있기 싫었어요. 하루를 밖에서 버티고 다음 날 집에 들어갔는데, 내 가출 소식을 들은 아빠가 그 하루 만에 득달같이 말레이시아에서 날아와 있었어요. 꺼뒀던 내 전화기에는 아빠 번호가 수십 번 찍혀 있었고요. 그 뒤로 내가 삐뚤어질까 봐 노심초사한 아빠는 출장길에 나를 자주 데리고 다녔어요. 나는 그게 끔찍이 싫었고요. 학교도 못 가고 내 생활이 다 깨지고 낯선 곳에서 아빠만 기다려야 하는 답답한 시간이 아주 죽을 맛이었거든요. 그 12월엔 파키스탄으로 끌려갔어요. 다섯 살 이후로 처음 만난 고모는 의아하다는 표정으로 말했어요. 다니엘이 왜 내 말을 못 알아듣지? 다 까먹어서 그렇지, 아빠의 대답. 첫 언어였던 우르두어를 다 잊었던 나는 대가족의 애정 어린 걱정과 대화 속에 단어를 하나씩 기억해냈어요. 신기했어요. 무언가 말을 들으면 나도 모르게 그 의미가 짐작되는 거예요. 우르두어를 되살리는 재미가 있기는 했지만, 나는 한국으로 돌아가고 싶어 몸살을 했어요.

파키스탄 가족들은 그런 나를 이해하지 못했어요. 한국보다 여기가 낫지, 한국에 뭐 하러 가? 일본에서 살다 온 이웃 사람도 일본보다 여기가 낫다고 하던데, 도대체 너는 왜 그래? 여기서 자랐으면 안 그랬을 텐데, 쟤 엄마가 데려가는 바람에 저렇게 된 거지. 엄마를 닮아서 한국 타령하는 거야, 다 쟤 엄마 때문이야. 지금 돌아보면 별것도 아닌 그런 말들이 그때는 왜 그렇게 싫었을까요. 특히 엄마 얘기! 이죽거리는 사촌과 맞붙어 드잡이까지 한 적도 있어요. 나는 가족들 사이에 온전히 끼지 못했어요.

아빠를 졸라 한국으로 돌아왔지만 입학 시기를 왕창 놓친 나는 그다음 해에야 고등학교에 입학할 수 있었어요. 늦은 만큼 고등학교 생활에 대한 걱정은 한층 깊어졌어요. 중학교 때보다 분명 더 거칠어졌을 애들을 또 어떻게 견디나, 내 나이가 한 살 많다는 것을 들키면 그게 또 콤플렉스가 되어 내 자존심을 갉아먹겠지, 뭐라도 보험을 들어봐야 하지 않을까, 성적이 좋으면 지내기

나을지도 몰라, 그래 성적을 올리자. 그런 이유로 중학교 때는 손 놓고 있던 공부를 열심히 하기 시작했어요. 마음을 꽁꽁 닫아걸고 애들하고 눈도 잘 안 마주쳤어요. 그런데 참 이상했어요. 이 학교 애들은 싸우지도 않고, 완전히 말도 안 되는 드립말장난을 쳐도 서로 잘 받아주는 거예요. 중학교에서라면 어림없을 일이죠. 이상한 일은 계속 이어졌어요. 내 중간고사 성적이 좋으니까 애들이 어려운 문제를 나한테 물어보기 시작했어요. 스르륵 다가와 웃는 얼굴로, 이거 어떻게 풀어? 사람이 아무리 마음을 닫아둬도 자꾸 와서 말을 거니까 문이 열리는 거예요. 그게 어느 순간 확 터지면서 친구가 한두 명씩 늘어났어요. 그러다 여자친구까지 생기면서 얼어 있던 내 마음이 녹았나 봐요. 내가 달라지고 있다는 것을 2학년 때 알았어요. 독후감 숙제를 하다가 전에 썼던 것에서 참고할 게 있을까 싶어 예전 독후감을 펴봤어요. 거기서 다시 만난 1년 전의 나는 고독하고 어두운 철학자였어요. 내가 정말 이랬단 말이야? 2학년이 돼서 쓴 글에서는 그런 느낌이 덜하고 밝고 희망적인 마음이 읽혔어요. 여자친구도 나에게 좋은 영향을 많이 줬어요. 밝은 친구거든요. 고1 때부터 지금까지 7년째 만나고 있는데, 군대 있을 때 매주 면회 오더니 그걸 내세워 요즘 큰소리를 땅땅 치고 있어요.

'다문화'를 왜 부정적으로 보죠?

❋

사실은 입대할 때도 두려운 마음이 컸어요. 영화에 나오는 군대 부조리도 그렇고, '다문화' 하면 떠오르는 이미지가 안 좋은 것도 걱정이었어요. '다문화' 관련된 뉴스를 유심히 보곤 했는데, 기사마다 잔뜩 달린 이상한 댓글을 많이 봤거든요. 댓글에 댓글로 줄줄 이어지는 비하와 욕설과 날조가 아주 충격적이었어요. 그런 편견이 이어져 군대에서도 나를 부정적으로 여기는 사람들을 만나게 될까 봐 마음이 조여왔어요. 나를 잘 숨겨야겠다, 외모는 별로 티가 안 나니까 말만 조심하면 될 거야. 그런데 웬걸요, 훈련소 마치고 자대배치를 받아 갔더니 중대장이 신병 상담하면서, 다니엘 너 다문화가정이던데 힘든 일 없니, 하고 묻는 거예요. 헉, 이미 다 알고 있네! 다행히 윗사람들만 알고 동기나 선배들은 모르고 있어서 안심했어요. 그런데 또 이름이 문제였어요. 이름이 왜 그래? 기독교야? 천주교야? 자꾸 묻는 통에 어쩔 수 없이 털어놨어요. 파키스탄에 계신 할머니가 지어주신 거야. 할머니가 파키스탄에? 다들 놀랐죠. 나중에 일을 겪고 보니 얼렁뚱땅 털어놓기를 잘했다 싶어요. 우리 동기 중에 나이가 많고 친구들이 잘 따르는 형이 있었어요. 여름이 가까워지던 어느 날, 그 형이 나를 부르더니 조심스럽게 말했어요. 너한테 체취가 나는데 알고 있느냐고. 친구들이 너를 싫어하는 게 아니고 냄새를 어떻게든 해결해야 하니까 얘기 꺼내보라고 부탁하더라고, 이런 말 미안하다고. 형이 나를 감싸주는 느낌이 들었어요. 하지만 정말 당황스러웠어요. 나한테서 냄새가? 그런 말 처음 들었는데! 형이 알려준 땀 냄새 제거제를 써봤는데 그래도 냄새가 난대요. 난감했어요. 이것저것 여러 방법을 다 섞어봤어요. 샤워하자마자 땀 냄새 제거제를 사용하고, 입을 옷에는 미리 섬유유연제 잔뜩 뿌려놓고, 빨래할 때도 섬유유연제를 듬뿍 사용했어요. 이제 꽃향기가 나네, 하며 친구들이 좋아했어요. 처음에는 되게 상처받고 화도 났는데 차분히 생각해보니 친구들이 고마웠어요. 친구들에게는 그 방법밖에 없었겠구나, 그게 최선이었던 거야. 만약 내 아버지가 외국인이라는 점을 미리 말하지 않았더라면, 체취 이야기를 나에게 어떻게 전했을까요, 모르긴 해도 아마 더 상처되는 방법이 아니었을까 싶어요.

군대에서 배운 게 많아요. 특히 사람 관계요. 처음에는 불편하거나 부조리한 일을 겪으면 큰 일이든 작은 일이든 '마음의 편지'에 썼어요. 그런데 일에 따라 직접 얼굴을 마주하고 푸는 것이 더 나을 때도 있다는 것을 알게 되었어요. 과자 한 봉지 들고 당사자를 찾아갔어요. 과자 앞에서 마음을 열고 대화하니까 오해도 풀리고 관계가 더 좋아졌어요. 그렇게 경험하며 하나씩 배우고 있어요. 내 콤플렉스와 약점에 대해서도 다시 생각하고 있어요. 딱히

약점도 아닌데 나 혼자만 숨기고 싶었던 게 많았어요. 그걸 펼쳐
놓으면 마음이 편해지는데 말입니다. 아빠가 파키스탄 사람인 것
도 부모님이 이혼했다는 깃도 약점이 아니라 오히려 나를 성장시
키는 동력이었어요. 어릴 적에는 힘겨웠지만 그 과정을 거치며 지
금의 내가 된 것이니까요.

  그런데 지금도 도무지 이해할 수 없는 일이 있어요. 내 아버지
나라이자 내 나라이기도 한 파키스탄에 대해서, 또 '다문화'에 대
해서 사람들이 왜 그렇게 부정적으로 생각하고 싫어하는 걸까요?

그런 미움은 정말 의미 없는 것 아닌가요? 싫어한다고 어디로 사라질 것도 아닌데 말이에요. 그런 것을 보면 '부먹', '찍먹' 논쟁이 떠올라요. 세상에는 탕수육에 소스를 부어 먹는 사람도 있고 찍어 먹는 사람도 있잖아요. 너는 왜 나처럼 안 먹느냐고 비난해봤자 소용없죠. 서로 다른 것이지 틀린 것이 아니니까요. 다문화든 아니든, 어느 나라 출신이든, 외모가 어떻든 나와 다르다고 해서 미워하고 싸워야 할 이유가 대체 뭐가 있겠어요. 우린 다 똑같이 '사람'인데요.

이주민과 병역의 의무

2011년부터 군대 내 인적 구성이 다양해졌어요. 그 전에는 병역법에 따라 외관상 식별이 명백한 '혼혈인'은 병역판정검사 없이 군 복무를 면제했어요. 그런데 이는 인종이나 피부색을 이유로 한 차별이므로 헌법이 보장하는 평등권에 반한다는 판단에 따라 법을 개정했어요.

방송인 조나단 씨가 귀화하고 군대에 가고 싶다고 밝혀 화제가 되었죠. 귀화 한국인에게는 병역 의무가 없는데, 당사자가 희망하는 경우에는 현역이나 사회복무요원으로 복무할 수 있어요. 징병제를 유지하고 있는 나라 중에 그리스와 멕시코, 베트남, 스웨덴 등은 귀화한 사람에게도 병역 의무를 부과하고 있다고 해요. 정부는 인구 구조가 변화하고 있는 점을 감안하여 귀화자에게 병역 의무를 지우도록 입법을 추진하겠다고 밝혔어요.

한국국방연구원이 2020년 실시한 '귀화자 병역 의무화 정책의 타당성에 관한 연구'에서 국민과 군 간부, 장병에게 물었는데, 10명 중 7명이 귀화자에게 병역 의무를 부과할 필요가 있다고 답했대요. 연구원은 귀화자가 군 복무를 하면 국가 공동체에 소속감을 갖게 되고, 사회통합에 기여하게 될 것이라고 전망했고요. 그런데 이 소식에 좀 걱정이 들어요. 과연 군 복무를 의무화하는 만큼 귀화자에게 가해지던 차별을 없애고 권리를 동등하게 보장할 수 있을까요?

최근 모병제로 전환하는 것에 대한 논의도 진행되고 있어요. 귀화자 병역 의무화든 모병제든 논의하는 과정에서부터 군대 내에서 벌어지는 이주 배경 여부, 외모와 피부색, 언어 등을 이유로 한 차별에 대해 살펴보고 바꿔가는 노력도 함께 하면 좋겠어요.

베트남 출신 엄마랑
몰래 살아요

미등록 이주 아동 이사랑

열두 살 소녀 사랑은 베트남 출신 엄마와 둘이 산다.
태어났을 때부터 아빠는 없었다. 친구들과 까르륵거리며 학교에 가고,
엄마가 사준 태블릿으로 온라인 수업을 듣는다.
지역아동센터에서 저녁을 먹고 피아노학원에서 '엘리제를 위하여'를
연습한다. 단지 체류 자격이 없을 뿐, 사랑은 지극히 평범한 어린이다.

내가 정말 한국 사람이 된다면

✳

나는 이름이 많아요. 도사랑, 이사랑. 어릴 적에는 엄마 성을 따라 도사랑이었는데 학교에 입학할 때 이사랑이 됐어요. 엄마가 한국에는 도씨 성이 없어서 친구들이 이상하게 생각할지 모르니까 이씨로 바꾸자고 했어요. 그런데 나중에 알고 보니 한국에도 도씨가 있다지 뭐예요. 에이, 괜히 바꿨어요! 도씨가 더 좋은데. 사실은 도사랑도 이사랑도 그냥 부르는 이름이에요. 내 진짜 이름은 도틴짱이에요. 내가 나중에 정말 한국 사람이 된다면 나는 꼭 이

름을 '사랑'이라고 바꿀 거예요. 그런데 이름을 아무한테나 가르쳐주면 안 돼요! 학교에서 개인정보보호가 중요하니까 아주 조심해야 한다고 배웠어요. 하지만 아무리 말해도 소용없어요. 엄마는 길에서도 큰 소리로 '이사랑' 하고 불러요. 엄마도 참!

　나는 태어났을 때부터 아빠가 없었어요. 엄마에게 뭔가 슬픈 비밀이 있는 거 같은데 나에게는 말을 안 해줘요. 엄마는 대학을 다 마치지도 못하고 한국에 왔대요. 딱 3년만 일하고 가려 했는데 내가 태어나서 계속 있게 된 거래요. 엄마는 혼자서 나를 낳았대요. 드라마에 보면 애기 생겼다고 엄마랑 아빠, 온 가족이 같이 기뻐하고 같이 애기 옷도 사고 그러던데, 엄마는 그걸 다 혼자 했대요. 엄마가 얼마나 외로웠을까 생각하면 나도 눈물이 나요. 하지만 엄마에게는 그런 말을 하지 않았어요. 엄마가 또 슬퍼할까 봐 싫어요. 내가 아주 애기일 때부터 엄마는 나를 어린이집에 보내고 일을 했어요. 나는 항상 제일 늦게까지 남아 엄마를 기다렸어요. 엄마는 아르바이트만 했어요. 어린이집이 끝나는 시간에 맞추려면 잔업을 못 하니까 아르바이트만 했던 거래요. 내가 조금 커서 걸어 다닐 수 있게 되면서 엄마는 잔업까지 하는 일을 시작했대요. 엄마는 잔업이 있는 날은 동네 이모에게 나를 데려가 저녁을 챙겨달라고 부탁했어요. 엄마가 많이 늦는 날엔 이모 집에서 자기도 했어요.

엄마는 미싱사예요. 이불을 만들어요. 엄마는 토요일에도 일했어요. 토요일에는 어린이집이 쉬어서 나는 엄마 따라서 공장에 갔어요. 혼자 장난감을 가지고 놀다 지겨워지면 그림을 그렸어요. 그러다 졸리면 이불더미에 기대어 잠들기도 했어요. 드르륵 돌아가는 재봉틀 소리가 가까워졌다 멀어졌다 하며 내 꿈속을 오갔어요. 가자, 속삭이는 엄마 목소리에 잠이 깬 나는 엄마 자전거 뒷자리에 앉아 씽씽 달렸어요. 나는 엄마 허리를 두 팔로 꼭 껴안고 엄마 등에 귀를 댔어요. 등에서 울려오는 엄마 목소리를 들었어요. 엄마는 추울 때도 비가 올 때도 자전거에 나를 태우고 달렸어요. 엄마는 나 때문에 산다고 말했어요.

'화장실 있는 방'으로 이사 가자
❋

나는 어릴 때 엄마한테 심통을 많이 부렸어요. 친구들이 예쁜 옷, 좋은 장난감 같은 거 자랑할 때마다 엄마를 졸랐어요. "엄마, 왜 나는 장난감 안 사줘? 왜 옷 안 사줘?" 엄마는 항상 "나중에, 나중에"라고 말했어요. "엄마가 지금은 돈 없어서 못 사줘. 다른 친구들은 아빠가 같이 사니까 돈 많아. 엄마는 혼자니까 돈 없지. 돈 많이 있을 때 사줄게." 그래도 또 조르면 "그럼 엄마가 늦게까지 잔업해야 하는데 그래도 괜찮아?"라고 물었어요. 엄마가 늦게까지 남아 일하면 이모 집에 가야 한다는 것을 아니까, 나는 고개를 저었어요. 그러다 또 장난감을 사달라고 조르면 엄마는 눈을 살짝 흘기며 말했어요. "우리 화장실 있는 방으로 이사 가기로 약속했잖아. 지금은 아껴야지. 우리 딸, 약속했잖아. 안 조르기로?" 나는 입을 삐죽이면서도 장난감 타령을 멈췄어요.

'화장실 있는 방'은 엄마의 마지막 경고예요. 더 조르면 엄마가 울어버릴지도 몰라요. 다 나 때문이에요. 밤에 밖에 있는 화장실 가는 것이 무서워서 참다가 변비에 걸린 적도 있어요. 엄마는 화장실 있는 방 얻는 것을 세상에서 제일 중요한 일로 생각했어요. 엄마는 전화 요금도 한 달에 1만 원 이상은 절대 안 써요. 나는 번호가 없는 전화기를 써요. SNS로만 엄마와 연락해요. 그렇게 밤낮 없이 일하고 구두쇠처럼 아끼더니, 드디어 내가 여섯 살이 됐을 때 엄마는 '화장실 있는 방' 약속을 정말 지켰어요. 엄마는 일하려고 태어난 사람 같아요. 종일 재봉틀을 돌리고 집에 와서 또 부업을 하거든요. 나도 엄마를 도와 일해요. 요즘 하는 부업은 얇은 고무판에 찍힌 고무링을 떼어내는 일이에요. 포크처럼 생긴 끝이 뾰족한 도구로 고무판과 고무링 사이를 콕 찍어 살짝 튕겨내면 얇은 링이 툭 떨어져 나와요. 엄청 쉬워요. 온라인으로 수업할 때는 눈으로는 컴퓨터를 보면서 손으로는 고무링을 떼어냈어요. 내가 많이 해놓으면 엄마가 조금 일찍 잘 수 있잖아요.

나는 충치가 많아요. 1학년 때 받은 검사에서 아홉 개라고 했으니까 지금은 더 많아졌을 거 같아요. 엄마는 치과가 너무 비싸서 못 데려간다고 미안하다고 했어요. 초콜릿 먹지 말자, 이를 잘 닦아야지, 미안하다면서도 엄마는 잔소리를 엄청 많이 해요. 그래도 엄마를 미워할 수는 없어요. 내가 벅벅 긁어서 덧난 아토피 상처에 약을 발라주면서 엄마가 또 울었으니까요. 좋은 음식 먹으면 좀 나아진다고 했는데 엄마가 좋은 것을 못 주네, 우리 딸한테 미안해. 그렇게 말하는 엄마도 자주 아파요. 밤에 배가 아파서 잠을 하나도 못 잘 때도 있어요. 엄마는 약도 안 먹고 병원에도 안 가니까 왜 아픈지 무슨 병인지도 몰라요. 밤새 아파놓고 아침에 또 회사에 가요.

엄마는 가끔 인터넷에서 찾은 베트남 애기들 사진을 보여주며 말해요. 애기들이 옷도 없고 밥도 없어서 안 좋은 음식을 먹는대요. "우리보다 더 어려운 애기도 있으니까 우리가 힘내서 애기들 도와주자." 나는 애기들을 위해 저금통에 돈을 모으고 있어요.

우리는 불법이래요

✳

내가 초등학교에 입학하게 됐을 때, 엄마는 어린이집 원비

를 안 내도 된다고 좋아했어요. 학교가 끝나면 지역아동센터에 가요. 내가 센터에서 저녁을 먹고 혼자 집에 돌아올 수 있게 되면서 엄마는 다급하던 퇴근길이 조금 느긋해졌대요. 원래 지역아동센터는 나같이 주민번호 없는 애는 받아줄 수 없는 거래요. 토야 언니가 말해줬어요. 엄마는 그런 줄도 모르고 나를 센터에 보내고 지금까지도 모르고 있어요. 엄마가 알면 속상할까 봐 나도 말하지 않았어요. 토야 언니는 모르는 게 없어요. 언니랑 나는 주민번호가 없어서 센터에 못 다닐 뻔했는데 센터 선생님들이 특별히 받아

준 거래요. 내가 그 비밀을 알게 된 것은 2학년 때였어요. 애들이 다 가고 토야 언니와 나만 남았을 때 센터 선생님한테 질문한 적이 있어요.

"쌤, 제 주민등록번호 알아요?"

"응? 주민등록번호? 왜?"

선생님 목소리가 좀 당황한 것 같았어요.

"엄마는 모른다는데 쌤은 알아요?"

"누가 번호 알아 오래?"

"태권도에서 국기원에 승급심사 신청한다고 알아 오래요…. 쌤, 애들은 주민번호 다 있어요? 쌤도 주민번호 있어요? 그런데 주민이 뭐예요? 등록은 뭐예요?"

내가 쏟아내는 질문에 선생님은 아무 말도 하지 않고 나를 가만히 바라봤어요. 그때 토야 언니가 한심하다는 듯 말했어요.

"야, 쌤도 우리 번호 몰라. 우리는 그런 거 원래 없어. 우리 불법인 거 몰라?"

깜짝 놀라서 토야 언니 입을 틀어막는 선생님을 피해 우리는 숨어서 속닥였어요.

"너 그거 몰랐어? 주민번호 같은 거 우리는 없어. 우리는 몰래 사는 거야! 센터 오면 애들이 다 출석부에 사인하잖아. 너랑 나는 항상 맨 끝에 이름이 있지? 그 이유가 뭔지 알아? '센터 이용 자필

출석부' 제출할 때 너랑 내 이름을 지우고 내는 거야. 원래 다니면 안 되는 애들이니까. 우리 받아준 게 걸리면 센터 선생님들이 혼날지도 몰라."

나는 가슴이 콩콩거렸어요. 언니는 또 말했어요.

"우리는 다 몰래 사는 거야. 너랑 나랑 내 동생 벌터랑 우리 엄마들이랑 다."

몰래? 몰래? 몰래!

엄청난 비밀에 놀라고 두려움으로 눈물이 그렁그렁해진 나를 향해 토야 언니는 눈을 찡긋했어요.

"그래도 학교는 몰래 다니는 거 아니니까 걱정하지 마. 나는 내년에 중학교에도 갈 수 있대."

나도 열다섯 살에 비자 받고 싶어요

✳

엄마는 작년에 출입국사무소에 가서 자진 등록을 했어요. 자진 등록하면 베트남에 갔다가 다시 돌아올 수 있다고 했어요. "출입국사무소 가면 붙잡힐지도 모르는데…" 무섭다고 망설이면서 갔던 엄마는 무사히 등록하고 '출국 명령서'라는 종이를 받아왔어요. 종이에는 출국해야 하는 날짜가 적혀 있었어요. 한 달 뒤였어요. 엄마는 말했어요.

"너는 학교 다녀야 하니까 엄마만 갔다 올 거야. 빨리 올 거지만 그래도 몇 달 걸릴 수도 있어. 엄마 없는 동안 동네 이모들한테 너를 돌봐달라고 부탁할 거니까 너무 걱정하지 마."

엄마는 아무 일 아니라는 듯이 말하는 척했지만 눈은 빨개졌어요. 나 혼자 지내야 한다고? 정말? 어떻게? 왈칵 무서워져서 숨도 잘 안 쉬어졌어요. 엄마, 나 무서워요. 나도 데려가요. 엄마가 다시 못 오면 어떡하지? 생각할수록 머릿속이 하얘졌어요. 하지만 언제까지나 멍하게 있을 수는 없어요. 토야 언니와 나는 작전을 짜기 시작했어요. 엄마 없이 살기 작전. 우리 작전은 엄청 멋지고 완벽해요.

하지만 그 작전은 아직 시작하지도 못하고 있어요. 코로나 때문에 비행기가 없대요. 엄마는 한 달 연장하고 또 연장하고, 또 또 연장하고, 지금까지 계속 연장했어요. 이달에 연장하러 다녀온 엄마는 이번이 마지막인 것 같다고 했어요. 다음에 또 연장받으려면 대사관에 가서 비행기 예약했다는 확인서를 받아 오랬는데, 대사관은 원래 그런 거 안 도와준대요. 지금 베트남은 코로나가 되게 심하대요. 엄마가 지금 가면 너무 오래 걸려서 오래오래 나 혼자 살아야 할 수도 있다고, 코로나가 좀 없어진 뒤에 가면 좋겠는데 더 연장 못 할 것 같다고, 어쩌면 다녀오는 것을 포기해야 할지도 모른다고. 엄마 얼굴에 걱정이 많아졌어요.

내 심정은 아랑곳없이 토야 언니는 요즘 마음이 잔뜩 부풀었어요. 9월이 되어 자기 생일이 지나면 비자를 받을 수 있대요. 한국에서 태어난 외국인 애들한테 열다섯 살 생일 선물로 비자를 준대요.

"벌터는 아직 어려서 괜찮은데, 사랑이 네가 걱정이다."

토야 언니는 자기 동생보다 나를 더 걱정했어요.

"어차피 걔는 어려서 아무것도 몰라. 너도 일곱 살 때는 잘 몰랐잖아. 나중에 다 알게 되는 건데 미리부터 알고 걱정할 필요는 없지."

"언니는 비자 생기면 뭐 하고 싶어?"

"뭐긴, 제주도가 1번이야. 지난번에 센터에서 다 제주도 갈 때 우리만 못 갔잖아. 나는 제주도에 갈 거야. 꼭 비행기 타고."

언니는 내 눈에 부러움이 가득한 것을 눈치채고 어깨를 으쓱했어요. 내 열다섯 살 생일은 아직 5년이나 남았어요. 5년이 어서어서 지나서 나도 빨리 선물 받았으면 좋겠어요.

미등록 이주 아동도 보호해야 해요

'미등록 이주민'은 토야와 사랑이 가족처럼 체류를 허가받지 못하고 사는 이들을 말해요. 인권단체들은 지난 20여 년간 아동을 비롯한 미등록 이주민에게 등록할 기회를 주어야 한다고 계속 주장해왔어요. 국가인권위원회는 2020년 5월, '장기 체류 미등록 이주 아동이 체류 자격을 신청하여 심사받을 수 있도록 제도를 마련하라'고 법무부에 권고했어요. 1년 뒤 법무부는 '국내 출생 불법체류 아동 조건부 구제대책'을 발표했죠. 국내에서 태어나 15년 이상 국내에 체류하고, 국내 초등학교를 졸업하고 중고교에 다니거나 고교를 졸업한 이들에게만 혜택을 주는 아주 좁은 구제 방안이었어요. 사랑이는 국내 출생이지만 아직 초등학생이고 고작 열두 살이므로 여기에 해당되지 않아요.

구제 대상의 폭을 더 넓혀야 한다는 시민사회단체의 비판과 국가인권위원회 권고가 잇따랐어요. 법무부는 새로운 방안을 내놓았어요. 국내 출생 아동만이 아니라 영유아기에 입국한 경우도 포함시켰고, 체류 기간 요건도 15년에서 6~7년으로 줄였어요.

비로소 사랑이도 등록해서 체류 자격을 가질 수 있게 되었어요.

그럼에도 불구하고 체류 기간이 요건에 미치지 못하여 여전히 등록하지 못하는 아이들이 있어요. 모든 아이들이 어깨를 펴고 살 수 있도록 더 적극적인 보호 정책이 필요해요.

나도 한국 사람,
제발 한국어 좀 가르쳐주세요!

필리핀에서 성장한 한국인 선희

필리핀인 엄마와 한국인 아빠 사이에서 태어난 선희는
돌쟁이 때 필리핀에 보내져 이모 손에 자랐다.
이모와 두 삼촌, 다섯 사촌 사이에서 심심할 새도 없이 복닥거리며 살다가,
어느 날 갑자기 코로나19 회오리에 휘말려 한국으로 날아왔다.

엄마에게서 온 '발릭바얀' 상자

✳

　필리핀에 처음 갔을 때 어땠는지 전혀 생각이 안 나요. 내
가 막 걸음마를 시작하던 때였대요. 맞벌이였던 엄마 아빠는 아
이를 키워가며 일하기 힘들어서 나를 필리핀 이모한테 맡겼다고
해요. 나는 사촌들 틈에 끼어 와글와글 행복하게 자랐어요. 엄마
가 보내준 발릭바얀 상자를 받을 때는 어깨가 으쓱했어요. 발릭
바얀 상자가 뭐냐고요? 음… 그건 필리핀 사람들의 선물 상자예
요. 외국에 있는 사람이 자기 가족에게 선물을 보낼 때 이 상자에

담아 보내면 세금도 면제되고 싼 운송비로 가족에게 전달해주거든요. 엄마가 보내준 상자에는 온갖 과자와 사탕, 예쁜 옷과 가방, 신발, 최신 유행 화장품, 학용품, 작은 전자제품 같은 것들이 가득 들어 있었어요. 엄마는 좋은 것이 생길 때마다 상자에 넣었다고 해요. 상자가 오면 우리 집은 한바탕 난리가 나곤 했어요. 다들 너무 신나서 터질 것 같은 얼굴로 달려들어 상자를 열고 하나씩 꺼내면서 환호성을 질렀어요. 서로에게 어울리는 옷을 골라주고 선물을 나눠 가졌어요. 지금도 그 생각을 하면 웃음이 나요. 보고픈 사촌들!

엄마는 가끔 필리핀으로 나를 보러 왔는데 아빠는 영상통화를 제외하곤 이번에 와서 처음 만났어요. 영상통화 할 때도 아빠는 엄마 어깨 너머에서 손을 흔들며 계속 선희야, 선희야 하고 이름만 불렀어요. 아빠는 필리핀 말을 모르세요. 나 역시 그랬어요. 엄마가 채근하면 간신히 '안녕하세요, 아빠' 하고 말했을 뿐이죠. 나는 한국말을 몰라요. 아빠가 씨익 웃고 화면 밖으로 퇴장하시면 엄마와 나는 기다렸다는 듯 폭풍 수다를 떨었어요. 내가 한국에 와 있어도 아빠는 며칠에 한 번 집에 오세요. 건설 현장에서 미장일을 하는데 전국을 다 돌아다닌다고 해요. 아빠는 집에 올 때마다 내가 좋아하는 망고를 사 오셨어요. 선희야, 하면서 망고가든 비닐봉지를 달랑달랑 흔들어 보이고 식탁에 올려놓죠. 나는

'아빠 땡큐' 같은 말을 재빨리 하고 싶지만 어물쩍 기회를 놓쳐버리고 말아요. 벌써 몇 달째 이러고 있어요. 처음엔 아무 생각 없이 망고를 먹었는데, 나중에 마트에서 망고 가격을 확인하고는 마음이 뭉클해졌어요. 아빠가 나를 위해 이 비싼 것을 사셨구나! 하지만 명랑한 땡큐 소리가 째깍 나오려면 아직 시간이 더 필요한 것 같아요.

선희와 써니 사이에서

❋

필리핀 대학에서 경제학을 공부하고 있어요. 원래 계획은 학교를 졸업한 뒤에 한국에 오는 거였는데, 코로나 때문에 모든 수업이 온라인으로 바뀌면서 갑자기 계획이 틀어졌어요. 필리핀 코로나 상황이 무척 안 좋아지면서 엄마가 빨리 오라고 성화를 했어요. 어차피 온라인 수업이니까 한국에서 공부해도 된다고 말이죠. 나는 필리핀 가족들에게 미안했어요. 위험한 것은 누구나 다 마찬가지인데, 나 혼자만 안전지대로 도망 왔잖아요. 처음엔 싫다고 했다가 엄마가 자꾸 울어서 마음이 흔들렸어요. 사촌들도 어서 가라고 등을 다독여줬어요.

한국에 오니 대뜸 나를 부르는 이름이 달라졌어요. 선.희. 필리핀에서는 나를 써니라고 불렀거든요. 엄마도요. 나를 선희라고 부른 것은 영상 속 아빠뿐이었죠. 내 이름이지만 나도 제대로 발음하기 힘들어요. 지금 한국어를 배우고 있으니까 앞으로는 좀 나아지겠죠. 내 이름에 익숙해지기 위해 노력해야 한다니, 정말 웃픈 일이에요.

한국에 와서도 학교 온라인 수업을 착실히 들어야 해서 집에 콕 박혀 있어요. 엄마 아빠는 일하러 가시고 혼자 수업 듣고 혼자 점심을 먹어요. 틈날 때마다 필리핀의 사촌들, 친구들과 채팅을 해요. 외로움을 날리는 유일한 방법이죠. 항상 시끄럽고 웃음이 넘쳐나던 필리핀 집이 그리워요. 한국 친구를 사귈 기회는 없었어요. 가장 급한 것은 한국어를 배우는 것인데, 한국어 가르쳐주는 데를 찾지 못해 한참 헤맸어요. 사회통합프로그램에 참여할 수 있는지 물어봐도 내가 한국인이라서 안 된다고 해요. 다문화가족지원센터(가족센터로 명칭 변경)에 문의하니 결혼이민자에 맞춰진 교육이라 나에게는 적절하지 않대요. 어이없고 화나지만 꾸욱 참았어요. 내가 화내면 엄마가 더 미안해하니까요. 내가 한국어 때문에 스트레스를 많이 받으니까 엄마가 자꾸 내 눈치를 살펴요. "한국인인데 한국말을 못 한다고?" 주변에서 물을 때마다 나도 모르게 고개가 떨궈져요. "좀 일찍 데려오지 그랬어. 어차피 한국에서 살 건데 한국에서 공부시켰으면 더 좋았잖아." 엄마 친구들이 걱

정스럽게 하는 말도 그다지 고맙지 않아요. 우리 가족이 뭔가 크게 잘못해서 책망받는 느낌이 들거든요. 괜찮아, 다 잘될 거야. 나는 용기를 잃어가는 마음을 가만가만 다독여요. 나는 지금 선희와 써니 사이 어디쯤에서 헤매고 있어요.

내 사정을 알아주는 사람도 없고, 필요한 정보를 찾기도 너무 어려워요. 나 같은 사람들이 적지 않은데 어쩜 한국어 배울 데가 이렇게 없는지 모르겠어요. 정보를 알려주고, 무엇을 어떻게 준비해야 할지 알려주는 곳이 있으면 좋겠어요. 내 손을 잡고 이리로 가면 된다고 안내해주는 누군가가 있으면 좋겠어요. 내 또래 한국 청년들을 만날 기회가 있었으면 좋겠어요. 같이 수다 떨고 떡볶이 먹으러 갈 친구가 생겼으면 좋겠어요. 아, 한국어는 정말정말 필요해요. 제발 한국어 좀 가르쳐주세요!

한국어 학습 지원은 사회 전체의 소통 능력을 증진하는 일

인적 구성이 다양화되면서 언어 또한 다양해지고 있어요. 소수 언어 사용자도 편안하게 생활할 수 있도록 통역과 번역 서비스가 필요해요. 특히 관공서, 병원, 은행, 학교 같은 곳에서 한국어를 몰라 애태우는 일이 없도록 말입니다.

또 공용어인 한국어를 쉽게 익힐 수 있도록 더 다양한 교육 기회를 마련해야 해요. 성인 학습자는 가족센터와 법무부 사회통합 프로그램을 이용하면 한국어를 무료로 배울 수 있어요. 하지만 가족센터는 결혼이주 여성 교육에 특화되어 있고, 사회통합프로그램은 체류 자격과 연동되어 있고 외국인만 참여할 수 있다는 제한이 있어요. 선희는 결혼이주민도 아니고 외국인도 아니니 이러한 프로그램을 이용하기 무척 어려워요. 국적이나 체류 자격과 관계없이 필요한 사람은 누구라도 학습에 참여할 수 있도록 해야 해요.

아동·청소년 학습자에게도 더 다양한 한국어 교육 프로그램이 필요해요. 학교 입학 전후 한국어 학습을 지원하고, 학교에 통역 교사를 배치하는 등 여러 제도를 더 준비해야 합니다. 왜 소수를 위해서 이렇게까지 해야 하느냐고 묻는 이들도 있어요. 번역과 통역 제공, 한국어 학습 지원은 소수 언어 사용자만이 아니라 한국 사회 전체의 소통 능력을 증진하는 것이므로 모든 구성원에게 도움이 되는 일이에요.

한국 영화에서
조선족은 왜 늘 악당이죠?

중국동포 청소년 박주영

박주영은 아기 때 부모님 품에 안겨 처음 한국에 왔다.
초등학생 시절은 중국에서, 중고생 시절은 한국에서 자라며 두 언어를
품에 안았다. 초록색 한국 여권을 받은 것이 인생 최고 기쁜 일이었다는
주영의 모어는 한국어이고, 주영의 '우리나라'는 대한민국이다.

친구들에게 들키고 싶지 않았어요

＊

중국에서 초등학교를 다녔어요. 중국의 소수민족에 대해
배우는 시간에, 선생님이 우리 반 주영이가 조선족이라고 말해줬
어요. 그때 나는 조선족인 것이 자랑스러웠어요. 그런데 한국에서
중학교 다닐 때, 선생님이 친구들 앞에서 그것을 밝힐 뻔했던 적
이 있는데, 정말 마음이 조마조마했어요. 그때 처음 깨달았어요.
내가 조선족인 것을 숨기고 싶어 한다는 것을요. 그 뒤로는 아주
필사적이었어요. 운 좋게 해외 문화 체험을 갈 기회가 있었는데,

잘 마치고 돌아오는 길에 문제가 생겼어요. 인천공항 입국 게이트가 내국인용과 외국인용으로 나뉘어 있잖아요. 친구들에게 안 들키려고 내국인 줄에 섰어요. 순서를 기다리는데 마음이 바짝바짝 졸아들었어요. 너는 여기가 아니니까 저 줄로 가라고 하면 어쩌지? 나는 다른 사람이 듣기라도 할까 봐 작은 소리로 부탁했어요. 정말 죄송한데요, 친구들에게 들키고 싶지 않아요. 그냥 여기서 해주시면 안 될까요? 또래 친척과 이런 말도 나눴어요. 만약 남자 친구 생기면 조선족이라고 얘기할 거야? 아니 못 할 것 같아. 만약에 한국인과 결혼하게 되면 우리 쪽 하객은 전부 조선족, 그쪽 하객은 전부 한국 사람이면 어떻게 하지? 아, 싫다. 제발 안 들켰으면 좋겠다. 우리는 아주 절실했어요.

그럼에도 울컥해서 묻기 전에 밝힌 적도 있어요. 영화 〈청년경찰〉, 〈범죄도시〉에서 악당이 다 조선족이잖아요! 친구들이 조선족이라는 말을 영화에서 처음 접했던가 봐요. 조선족이 뭐야? 북한 사람이야? 중국 사람인가? 어쨌든 우리나라 사람은 아닌 거지. 애들 말에 불끈 화가 났어요. 하지만 꾸우우욱 누르고 아주 덤덤하게 말했어요. 나 조선족인데, 중국 국적 가지고 있어도 같은 한민족이야. 속으로는 얼마나 긴장했는지 몰라요. 엄청 큰 파장이 오겠지? 하지만 애들은 "아 진짜?" 이렇게 말하고는 끝이더라고요.

코로나 때문에 인터넷에 중국 욕하는 글이 무척 많잖아요. 제발 조선족이 코로나 걸렸다는 소식이 없기를 나는 간절히 빌었어요. 확진자가 조선족이라고 하면 신상 다 털리고 민폐 소리 엄청 들을 것이 뻔하니까요. 조선족이 민폐라는 말 자주 듣는데, 아직 한 번도 당당하게 반박하지 못했어요. 어쩌면 나도 살짝 인정하고 있기 때문에 그런지도 몰라요. 가끔 조선족 어른들이 교양 없는 모습을 보이면 정말 속상해요. 그러니까 민폐 소리 듣는 거잖아요. 그럴 때는 중국 거리 지나면서 속으로 외쳤어요. 저기는 나랑 관계없어, 아무 관계 없어. 하지만 억울한 마음도 있어요! 질서나 교양은 사회마다 다르잖아요. 우리나라는 중국보다 질서 있고 조용한 반면 다른 사람에게 관대하지 못한 측면이 있는데, 중국은 다소 질서 없어 보이는 반면 서로 안 좋은 모습을 보이더라도 이해해주는 편이거든요. 보다 인정이 많은 사회라고 할까요. 물론 한국에 살려면 조선족 어른들도 달라질 필요가 있죠. 하지만 서로 차이가 있다는 것을 인정하고 이해하려는 노력도 필요하지 않나요? 지금까지 다양한 문화를 존중해야 한다거나 이주민과 더불어 살아야 한다는 것을 배워본 적이 없는데, 그런 이야기를 나눌 기회가 생기면 좋겠어요.

얼마 전에 마음 아픈 이야기를 들었어요. 여기 사는 고려인 아이들 중에 한국어를 배우는 데 적극적이지 않은 아이들이 상당하대요. 그 이유가 어차피 앞으로 막노동하면서 살 건데 꼭 한국어를 잘할 필요가 있느냐는 거래요. 아이들 마음이 아주 절실하게 느껴졌어요. 우리는 정말 희망을 가질 수 없는 아이들인가요?

2020년에 '전국 이중언어 말하기 대회'에서 대상을 받았어요. 같은 내용을 한국어와 외국어로 발표하고 두 언어로 질의응답을 받는 방식으로 경연을 해요. 그 준비를 도와준 아나운서분이 계시는데, 그분이 이런 말을 했어요. 다문화가정 아이들은 두 가지 언어를 배울 기회가 있으니 세상을 더 넓게 볼 수 있다고, 아주 소중한 사람들이라고. 그런 칭찬을 듣는 것은 처음이었어요. 그전에는 내가 중국어를 할 수 있다는 것이 바로 조선족과 연관되니까 좀 부끄러웠거든요. 항상 마음이 졸아 있으면서도 그것을 당연하게 받아들였어요. 하지만 이제는 알아요. 내가 불편함을 느끼고 나 자신을 숨기고 싶었던 것은, 내가 부족하거나 잘못해서가 아니라 바로 차별 때문이었다는 것을요. 나뿐만 아니라 다른 아이들도 이 차별을 똑같이 느끼겠구나, 나라도 먼저 말해야겠구나! 이 글에도 내 이름을 밝힐까 말까 많이 고민했는데, 용기를 내기로 했어요. 지금 피하면 나중에 또 피해야 하잖아요. 내가 이렇게 밝히면 다른 친구들도 용기를 낼 수 있겠지요?

함께 더 나은 사회를 만들어가면 좋겠어요

⁂

부모님과 교류하는 조선족 어른들은 대부분 가족을 중국에 두고 혼자 와서 고생하고 계세요. 다들 정말 열심히 사시죠. 그중 제일 열심인 분들은 바로 내 부모님이고요. 어릴 적에 단칸방에 살 때, 아빠는 먼 곳에서 일하며 주말에만 집에 오셨어요. 중국어 강사였던 엄마는 밤에도 수업이 있어서 나 혼자 집을 지키곤 했어요. 텔레비전과 얼마나 친하게 지냈는지 애니메이션 〈짱구는 못말려〉 대사를 줄줄 외울 정도였죠. 가난했어도 엄마 아빠는 나에게 좋은 추억을 만들어주려고 많이 애쓰셨어요. 그 덕분에 나는 부족함을 느낀 적이 없어요. 엄마 아빠에게 참 감사해요.

특히 엄마는 내가 아는 50대 여성 중에 가장 사랑스럽고 현명한 분이죠. 내 롤 모델이에요. 엄마는 내가 하는 모든 일을 응원해주시는데, 아쉽게도 딱 한 가지는 절대 안 된대요. 내게는 공부할 기회를 갖지 못한 가난한 아이들을 위해 행복한 교육 터전을 만들고 싶다는 꿈이 있어요. 그러자면 좀 척박한 곳에서 일해야 하잖아요. 엄마는 내가 너무 고생하는 게 싫다고 하세요. 하지만 내가 존경하는 작가 루쉰은 그런 삶을 살았거든요. 국비유학생으로 일본에 가서 의학을 공부하던 중에 중국인이 무시당하는 것을 보고 격분해서 공부를 그만뒀대요. 그 후 부를 지향하는 평온한 삶을 버리고 작가가 되어 훌륭한 작품으로 사회에 기여했다고 해요. 나도 그렇게 사람들에게 좋은 영향을 주는 일을 하고 싶어요.

앞으로 생명과학을 공부하려고 해요. 생명 현상을 연구해서 인류의 생존과 복지를 위해 일하고 싶어요. 그 전문성을 기반으로 소외되는 이들 없이 모두가 함께 잘 사는 세상을 만드는 데 기여하고 싶어요. 제 다음으로 '이중언어 말하기 대회'에서 대상을 받은 토고 친구도 내 이야기를 듣고 '직접 목소리를 내는 일'에 관심을 갖게 되었다고 해요. 또 근래에 알게 된 고려인 친구들은 주변 친구들을 인터뷰하며 목소리를 모으고 있대요. 다들 힘냈으면 좋겠어요. 우리가 스스로 선택해서 이주한 것은 아니지만, 모두 열심히 살고자 노력해서 꿈을 이루었으면 좋겠어요. 이주민 2세대 친구들이 차별받는 데 익숙해져서 자신을 숨기고 장점과 재능을 경시하지 않았으면 좋겠어요. 용기 내어 알을 깨고 나와 함께 더 나은 사회를 만들어가면 좋겠어요. 자기 출신을 떳떳하게 밝힐 수 있는 사회, 피부색 때문에 눈총받지 않는 사회, 자기 미래가 희망 없다고 함부로 단정 짓지 않는 사회, 그런 사회 말이에요.

성찰하고 변화할 기회가 왔어요!

대림동에 사는 중국동포들이 영화 〈청년경찰〉을 만든 영화사에 손해배상 소송을 제기한 일이 있어요. 영화가 '서울 대림동에 거주하는 중국동포들이 마치 죄다 범죄 집단을 이루고 있는 듯' 차별적으로 표현해서 혐오를 조장했기 때문이에요. 이에 대해 2심 재판부는 화해권고결정을 내렸어요. 원고들이 정말 원하는 것은 손해배상이 아니라 사과와 재발 방지 약속이라는 점을 재판부가 중요하게 고려했던 거예요. 원고에게는 금전적인 손해배상을 포기할 것을, 피고에게는 공식적으로 사과하고 다시 그런 일이 없도록 하겠다고 약속할 것을 권고했어요. 양측은 이 권고를 받아들였어요. 이 판결은 차별과 혐오 피해 당사자가 공식적으로 사과와 재발 방지를 요구할 수 있다는 선례를 만들어냈기에 아주 중요한 의미가 있어요.

이 영화만이 아니라 그동안 많은 영화, 드라마, 개그 프로그램을 비롯한 대중매체 창작물에서 조선족을 범죄와 연관해서 묘사해 왔어요. 비하와 조롱도 상당했죠. 당사자들은 계속 차별을 느끼고 불쾌했지만 소송이라는 적극적인 행동에 나선 것은 처음이에요. 이에 대해 영화는 영화일 뿐인데 왜 그렇게 예민하게 구는 거야, 하는 의견도 있어요. 하지만 이런 문제 제기가 사회를 건강하게 한다는 점을 분명히 하고 신중하게 받아들일 필요가 있어요. 지금까지 인종주의는 다른 나라의 이야기일 뿐이라고 여겨왔던 한국 사회는 무엇이 비하이고 혐오인지, 무엇이 인종차별인지 생각해볼 기회를 갖지 못했어요. 그런데 이제 당사자의 목소리를 통해 성찰하고 변화를 도모할 기회가 온 것이죠. 예민하다고 비판할 것이 아니라, 이런 기회를 만들어주어 고맙다고 해야 하지 않을까요?

새로운 기회를 만들어낸다는 측면에서, 사회나 학교에 당사자가 함께한다는 것은 큰 축복이죠. 학교에 이주 배경이 있는 학생이 있다면 흥미로운 교육적 시도를 해볼 수 있어요. 그 출신국의 역사와 문화를 모든 학생들과 함께 학습해보면 어떨까요. 놀이, 풍습, 음식, 속담, 음악, 문학, 역사적 인물, 한국과의 관계 등 다양한 분야에서 학습 주제를 선택할 수 있어요. 당사자 학생과 부모 혹은 지인이 그 과정에 참여할 수 있다면 더욱 훌륭하겠지요. 학생들이 인권과 문화다양성 감수성을 높이고 세계시민 정체성을 갖추는데 큰 도움이 될 거예요.

2장

함께
일하다

전철로
이사하는 중입니다
살 곳이 필요한 크리스와 멜라니

필리핀 출신 이주노동자 크리스는 아내 멜라니와 함께
친구들이 사는 집으로 이사하는 중이다.
코로나19로 인해 일자리를 잃고 수입이 줄어든 탓에
독립적인 생활을 포기할 수밖에 없었다.

꽤나 신사적인 해고네?

✸

커다란 배낭에 옷가지를 잔뜩 넣었더니 엄청 무거워요. 멜
라니도 배낭에 눌려 계단을 잘 못 올라갑니다. 내가 배낭 밑을 손
으로 받쳐주니 좀 나아졌어요. 우리는 지금 전철로 이삿짐을 옮기
고 있어요. 살던 방의 보증금을 아직 돌려받지 못해서 본격 이사
는 며칠 뒤에나 하게 될 것 같아요. 오늘은 새로 이사 갈 집을 미리
청소하려고 가는 길이죠. 이렇게 짐을 조금씩 옮겨놓으면 당일 이
사를 좀 쉽게 할 수 있을 거예요.

나는 고용허가제, 즉 E-9 노동자입니다만, 아마 당신은 이게 무슨 말인지 모를 것 같군요. 한국 사람들 중에 이 말을 알아듣는 사람은 별로 없더라고요. EPS라는 외국인 고용관리 제도가 있어요. 한국 정부가 우리 필리핀 정부와 계약해서 노동자를 데려오는 제도지요. 필리핀 말고도 계약한 나라가 15곳 더 있다고 해요. 지금 일하고 있는 유리병 만드는 회사에도 방글라데시, 인도네시아에서 온 E-9 노동자가 한 명씩 있어요. 다른 비자를 가진 이주노동자는 꽤 많고요. 지난해 10월부터 이 회사에서 일하기 시작했으니까 이제 8개월째인데, 지난달에 회사에서 나를 포함한 E-9 노동자 세 명에게 일주일에 이틀만 나오라고 통보했어요. 코로나 때문에 일거리가 없다고요. 당연히 제 수입도 그만큼 줄어들었어요. 이상한 것은 다른 비자를 가진 외국인한테는 전과 같이 일을 시킨다는 겁니다. 항의해도 소용이 없어요. 이유를 물어도 대답을 안 해줘요. 참으로 환장할 노릇입니다!

멜라니에게도 같은 문제가 생겼어요. 화장품 용기를 만드는 회사는 두 달째 직원 26명을 월화 팀, 수목금 팀으로 나눠 일을 시키고 있어요. 회사가 곧 문을 닫는다고 해요. 지난달에 멜라니가 해고통지서를 받아 왔어요. 한국에서 몇 년 일했지만 해고통지서 같은 것을 주는 회사는 처음 봤어요. 내가 말했어요. 꽤나 신사적인 해고네?

아무리 생각해도 일주일에 이틀만 일해서는 먹고살 수 없어요. 집에 돈 보내는 걸 완전히 포기하더라도 말이죠. 일단 살 방법을 찾자고 생각한 나는 회사에 그만두게 해달라고 부탁했어요. 고용허가제에 따라 회사가 나를 해고해주면 다른 회사를 찾을 기회가 생기니까요. 이것도 위험 부담이 크기는 해요. 내 비자가 내년 4월에 끝나니까 앞으로 11개월 남았어요. 회사들은 비자 기간이 짧게 남은 노동자를 별로 원하지 않아요. 새 회사를 찾는 동안 남은 비자는 점점 줄어들 테고, 회사가 나를 선택할 가능성도 줄어들 겁니다. 그래도 이틀만 일해서는 먹고살지도 못할 테니 용기를 내본 거예요. 새 일자리를 빨리 찾을 수 있기를!

회사는 그렇게 해주겠다고 했어요. 하지만 급한 내 사정과는 달리 2주 뒤에나 고용노동부 고용센터에 내 '근로계약해지' 내용을 신고해주겠다고 합니다. E-9 노동자는 사장님이 허락해줘야만 회사를 그만둘 수 있다는 거, 당신은 혹시 알고 있나요? 그런 게 어디 있냐고요? 내 말이 맞으니 그냥 믿어도 괜찮아요. 사장님이 해고했다고 고용센터에 신고해줘야, 비로소 나는 고용센터에 '사업장 변경 신청'을 할 수 있고, '고용센터에서 알선해주는 회사'에 갈 수 있어요. 이 말도 설명이 좀 필요하죠? 만약 내가 엄청 운이 좋아서, 일도 마음에 들고 월급도 안 밀리는 회사를 찾았다고 쳐요. 하지만 내가 원하고 그 회사 사장님이 아무리 나를 고용하고 싶어도 나는 그 회사에서 일할 수 없어요. 왜? 그 회사는 '고용센터에서 알선한 회사'가 아니기 때문이죠. 그것으로 끝이 아니에요. 구직 기간은 3개월, 3개월 내에 새로 일할 회사를 찾지 못하면 출국해야 해요.

나는 필리핀에서 간호사로 일했어요. 그 기간이 길지는 않아요. 학교 졸업하고 6개월 일했는데 월급이 한국 돈으로 10만 원 정도였어요. 일은 좋은데 월급이 너무 적으니 자꾸 딴생각이 들었어요. 간호사는 나중에 나이 들어서도 할 수 있으니 우선 돈을 벌자고 결심했어요. 그래서 한국어를 배워 시험을 보고, 복잡한 과정을 거쳐 한국까지 왔어요. 2011년에 처음 왔는데, 운이 나빠 오자마자 몸이 아팠어요. 도저히 일을 할 수 없어서 필리핀으로 돌아가 몸이 회복된 뒤에 다시 와서 1년 일하고 갔어요. 그 뒤로 작은형이 와서 3년간 일했는데, 형은 무거운 물건을 옮기는 일을 하면서 허리가 많이 상했어요. 가족들이 그만 고생하라고 형을 들어오게 하고, 다시 내가 와서 4년째 일하고 있어요.

큰형은 두바이에서 일하고 있는데 거기도 요즘 코로나 때문에 힘들다고 해요. 나라 전체가 록다운^{봉쇄}되어 일을 못 했대요. 너는 일이라도 할 수 있으니 다행이라고, 형이 전화로 말했어요. 두바이는 이주노동자를 중심으로 코로나 환자가 많이 발생해서 더 비상이라고 해요. 이주노동자들은 돈이 없으니 개별 거주를 하지 못하고 숙소에 수십 명이 같이 사는 형편이라, 코로나가 삽시간에 퍼졌대요. 큰형이 사는 집은 아직 무사하다니 그것만 해도 감사할 일이죠. 엄마는 자주 큰형과 나에게 전화해서 괜찮냐고 묻곤 해요. 예, 괜찮아요. 걱정 마세요, 엄마. 답은 이렇게 하지만 사실은 괜찮지 않아요. 많이 힘들어요. 아마 두바이의 형도 혼자 견디며 괜찮다고 말하고 있을 겁니다.

달걀은 꼴도 보기 싫대요

✳

두바이 형이 그러는데 K-방역이 훌륭하다고 소문이 자자하대요. 네가 그 나라에 있어서 다행이야, 나는 괜히 어깨가 으쓱했어요. 정말 그렇지요. 다른 나라에선 엄청나게 감염자가 늘어나고 많은 이들이 죽고 있는데 한국은 잘 막아내고 있잖아요. 하지만 외국인인 내 입장에서는 기가 막힌 점이 많아요. 코로나가 막 확산되던 무렵 정부가 시민들에게 마스크를 반드시 쓰라고 권장하면서 마스크 품귀 현상이 일어났잖아요. 마스크를 골고루 공급하기 위해 약국에서 5부제로 마스크를 팔더군요. 그런데 외국인에게는 안 판다는 거예요. 마스크가 동났을 때는 누구나 다 못 사는 형편이니 우리도 이해했어요. 그런데 마스크가 있어도 외국인에게는 안 판다는 소리를 들었을 때는 정말 숨이 꽉 막히더라고요. 왓? 내가 잘못 들은 건가? 하지만 한국어를 잘하는 어떤 외국인(아마 중국동포인 것 같았어요)도 같은 말을 들었나 봐요. "내 돈 주고 내가 사겠다는데 안 판다는 게 말이 되는 소리요? 이렇게 차별해도 되는 거요?" 하고 분통을 터뜨리더군요. 외국인이 걸리면 한국인에게도 옮길 게 뻔한데 이게 말이 되는 상황인가요? 한동안 나와 멜라니는 커다란 손수건을 마스크 대신 사용했어요.

정부에서 시민들에게 재난지원금을 준다는 뉴스를 봤을 때도 그랬어요. 우리도 주려나? 물론 그럴 리 없지요. 밥과 달걀만 담긴 접시를 내려다보며 나는 생각했어요. 나도 한국에서 내라는 세금을 다 냈는데 왜 우리에게는 안 주는 거지? 이틀만 일하고 다른 날은 집에서 뒹굴자니 뉴스도 더 많이 보고, 속 터지는 일도 더 많아졌어요. 외국인이 코로나에 걸렸다는 뉴스가 나오면, 한국 사람들은 그 외국인의 출신 나라까지 통째로 비난하며 혐오와 조롱을 쏟아붓곤 했어요. 필리핀 사람이 걸리면 우리도 그렇게 비난받겠지? 마음이 조마조마해요.

어쩔 수 없이 새 일자리 찾는 것은 2주 뒤로 미뤘어요. 아르바이트라도 하고 싶지만 그랬다가 출입국에 걸리기라도 하면 큰일 나니까 그것도 포기하고, 오늘부터 며칠간 이사를 하려고요. 비자 끝나는 내년 4월까지 고향 친구들이 있는 지역에서 일하려고 해요. 외떨어져 지내자니 외롭기도 하거니와 생활비를 아껴야 하거

든요. 지금까지 살던 방은 보증금 300만 원에 월세가 30만 원이죠. 가스, 전기, 인터넷 비용에 두 사람 식비까지 합치면 아무리 아껴도 월 80만 원은 들어요. 지난 한 달간 돈 아끼느라 고기를 전혀 안 먹고 밥과 달걀만 먹었어요. 멜라니는 이제 달걀은 꼴도 보기 싫다고 합니다. 나도 그래요. 냄새도 싫을 지경이죠. 그래서 생활비를 효과적으로 줄이기 위해 고향 친구들이 사는 집에서 더부살이하려고 해요. 방이 두 개라고, 작은 방을 우리더러 쓰라고 했어요. 친구들은 다행히 회사에 잘 다니고 있대요. 친구들이 말했어요. "크리스, 힘들면 들어와서 같이 살자. 걱정 말고 와." 참 좋은 친구들이죠!

친구는 이번 주에 야간이라 낮엔 자야 한다며 알아서 들어오라고 비밀번호를 알려줬어요. 주소를 가지고 찾아가니 여러 가구가 모여 사는 3층 건물입니다. 1층은 네 집쯤 사는 것 같고, 2층에는 두 집이 있어요. 아마 가장 넓은 3층엔 주인집이 있는 것 같아요. 친구 집은 2층에 있어요. 올라가며 보니 현관문에 두꺼운 비닐이 덮여 있어요. 유리가 깨져서 비닐로 현관문 전체를 감싼 것이었어요. 다행히 비밀번호가 맞아요. 제대로 찾아온 거지요. 문을 여니 집 안에서 찌든 담배 냄새가 와락 밀려 나옵니다. 거대한 그릇에 새까맣게 전 담배꽁초가 가득 들어 있어요. 나도 담배를 피우지만 이건 좀 너무한데, 나는 멜라니 표정을 쓱 훔쳐봤어요. 얼굴을 잔뜩 찌푸리더군요. 그냥 모른 척했어요. 현관에서 신발을 벗을까 말까 잠시 망설입니다. 바닥이 너무 더러워서 신발을 벗고 들어가기가 좀 그래서 말이죠. 사내 녀석들만 살아서 그런가 심하게 더럽네, 하고 내가 아무렇지도 않은 듯 말했어요. 멜라니는 계속 입을 꾹 다물고 있어요.

'20만 원'의 기쁨, 오래 기억했으면

❋

집은 그럭저럭 괜찮은데 친구 녀석들이 너무 청소를 안 하는 게 문제로군요. 거실 천장에 달아놓은 빨래걸이에 속옷이며 양말 나부랭이가 주렁주렁 매달려 있어요. 그 바로 밑에 담배꽁초 그릇이 놓여 있으니 마치 담배 냄새로 훈제라도 하는 듯 보입니다. 아내 눈치를 보며 "으웩, 이놈들 정말!" 하고 투덜거렸어요. 하지만 이 녀석들은 말도 못 하게 고마운 친구들입니다. 이 집엔 이미 네 명이 함께 살고 있거든요. 그런데 우리 부부에게 방을 하나 내주려고 네 명이 다 큰 방 하나에서 지내겠다고 해요. 그 말을 기억하고 고마움이 일렁이는 마음으로 작은 방을 열었어요. 그 순간 나의 고마움은 분노로 바뀌었어요. 우리에게 쓰라고 준 방은 거의 창고였어요. 정리하기 귀찮으니까 짐을 마구 몰아넣어서 이 지경이 된 것 같아요. 이 잡동사니들을 어떻게 치우고 우리 짐을 가져

오지? 한숨이 저 깊은 속에서부터 '푸우우우' 하고 쏟아져 나왔어요. 아 참, 이 친구 집에 있을 거라고 했지! 자고 있는가 싶어 큰 방문을 열어봤어요. 맞네요. 두 녀석이 어두운 커튼으로 창문을 가리고 쿨쿨 자고 있습니다. 둘은 출근했나 봐요. 나는 조용히 문을 닫아줬어요.

아내는 아무 표정 없이 큰 눈을 깜박이며 집을 둘러보고 있어요. 나처럼 한숨을 쉬지도 않아요. 내가 친구들 집으로 이사 가자고 했을 때 멜라니가 처음 했던 말은 이거였어요. 거기는 얼마 줘야 해? 먹는 거 포함해서 20만 원. 정말? 응. 그럼 가야지, 무조건 가야지. 간만에 방긋 웃기까지 했어요. 그때는 나도 친구들이 이 지경으로 살고 있는 줄 몰랐죠. 저 짐을 다 꺼내 정리하고 엄청난 대청소를 해야 하는데, 미안해서 시작하자는 말을 못 하고 있어요. 멜라니가 '20만 원'의 기쁨을 오래도록 기억했으면 좋겠어요.

이주노동자는 어디에 살아야 할까요

수입이 적은 청년들이 반지하나 옥탑방과 같은 부적절한 주거

환경에서 생활하거나, 비싼 임대료로 고통받고 있어 큰 문제죠. 이를 사회가 함께 해결하기 위해 공공 임대 주택을 공급하고, 임대료를 대출해주고 이자를 지원하는 등 여러 노력이 시행되고 있어요. 이런 정책이 이주노동자에게도 필요합니다.

회사가 제공한 기숙사에서 지내다 퇴사해서 당장 잠자리가 없을 때, 임금 체불로 수입이 끊겼을 때 이주노동자는 매우 곤란해져요. 기댈 가족조차 없으니 더 힘들죠. 숙박업소는 비용을 감당하기 어렵고, 친구 기숙사에 얹혀 지내자 해도 회사에 들킬까 조마조마해요. 어느 지역에 취직하게 될지 모르니, 적어도 1년 단위로 계약해야 하는 방을 얻을 수도 없어요. 큰 가방을 들고 잠잘 곳을 찾아 이리저리 옮겨 다니자니 말도 못 하게 힘겨워요. 안정된 숙소를 어떻게 마련해야 할까요.

이주노동자들의 주거 환경은 대체로 열악합니다. 좋은 기숙사 시설을 제공하는 회사는 거의 없고, 수입이 적은 이주노동자가 좋은 방을 얻기도 어렵거든요. 특히 농·축·어업 분야 이주노동자의 주거 환경이 문제가 되고 있어요. 비닐하우스나 컨테이너 같은 열악한 시설을 기숙사로 주고 비용을 지나치게 많이 받는 고용주가 많아요. 심지어 겨울철에 난방 시설이 불량한 기숙사에서 잠자던 노동자가 숨지는 일이 발생하기도 했어요. 코로나 상황이 심각할 때는 좁은 기숙사에 밀집해서 거주하는 이주노동자들 사이에 코로나가 쉽게 확산되어 지역사회의 건강을 위협하기도 했어요. 이주노동자의 건강과 행복은 사회 전체의 건강과 행복에 깊게 연결되어 있어요.

회사를 옮기는 과정에 놓인 이주노동자의 숙소 문제도, 고용주가 영세한 탓에 기숙사 문제를 해결하지 못하는 경우에도 해법은 정책에 있어요. 지자체와 정부가 나서서 지원해야 마땅하죠. 이주노동자 역시 우리 사회의 구성원이니 이들의 주거에 대해 함께 고민하는 것은 너무나 당연해요. 청년들의 주거 문제를 함께 풀어가듯이 말입니다.

용접의 달인이
100년을 일해도 최저임금
한국에서 12년 일한 숙련노동자 니로샨

귀환을 준비하고 있는 니로샨은 2008년에 스리랑카를 떠나와서
무려 12년을 한국에서 일했다. 12년은 그에게 어떤 시간이었을까.
이주노동자 중에는 드물게 가족을 초청해 같이 지내기도 했고,
그 과정에서 겪은 일이 계기가 되어 돌아갈 것을 결심하기도 했다.
한국이 이주노동자에게도 공정하기를 그는 꿈꿨다.

성실함으로 혼자 E-7 비자 따내

❋

　이제 가려고요. 스물여덟에 와서 나이 마흔에 갑니다. 한국
에서 일하는 사이에 청춘이 다 갔어요. 처음 E-9 비자로 올 때 계
약했던 회사에서 줄곧 12년을 일했어요. 오자마자 용접을 배워
지금껏 하고 있으니 용접만큼은 거의 달인 수준이죠. 첫 계약 3년
이 끝나고 1년 10개월을 연장했어요. 그사이 회사를 옮기지 않으
면 본국에 다녀와서 다시 4년 10개월간 일할 수 있는 '성실근로자
(재입국 특례 외국인근로자) 제도'라는 것이 있어요. 나 역시 성실근

로자로 인정받아 4년 10개월을 더 연장해서 일했어요. 그 비자가 끝날 즈음에는 숙련기능인력(E-7 비자)으로 인정받아서 3년 더 있었고요. 숙련기능인력 비자는 E-9 비자로 5년 이상 일한 노동자 중에 연봉, 학력, 나이, 한국어 수준, 은행 저축액 같은 항목을 점수로 계산해서 52점을 넘으면 취득할 기회가 생기는 비자예요. 수가 일정하게 정해져 있어서 신청자가 많으면 높은 점수 순서로 선발한다고 해요. 여러 항목 중 가장 중요한 것은 연봉인데 당시 무조건 2,600만 원을 넘어야 했어요. 우리같이 최저임금을 받는 노동자들에게는 정말 갖추기 어려운 조건인 거지요.

나는 점수를 채우기 위해 한국어능력시험을 봐서 자격을 갖추고 지게차 운전면허를 땄어요. 회사에서 좀 도와줬더라면 수월했을 텐데, 너무 모른 척해서 섭섭했어요. 심지어 회사가 뿌리산업에 해당하면 점수를 더 받을 수 있다고 해서 확인서를 요청하니, 인증 기간 연장 비용인가로 45만 원이 든다고 그걸 나더러 부담하랍니다. 결국 그것까지도 내가 냈어요. 뿌리산업이 뭐냐면요, 자동차, 선반, 항공 같은 미래성장산업의 경쟁력을 좌우하는 6대 뿌리기술(용접, 주조, 금형, 소성가공, 표면처리, 열처리)을 기반으로 하는 산업을 말한대요. 내가 일하는 회사가 여기에 해당하기 때문에 그 확인서를 제출해서 점수를 더 확보한 거예요. 그렇게 어렵게 E-7 비자를 받아냈어요.

10년 일하고도 왜 더 연장하고 싶었냐고요? 사실 E-7 받고 계속 한국에 살 생각은 없었어요. 너무 늦지 않게 스리랑카로 돌아가서 내 사업을 하고 싶었거든요. 그런데도 E-7을 선택한 중요한 이유가 있었어요. 이 비자는 가족을 초청할 수 있기 때문이죠. 처음 한국에 올 때는 총각이었는데, 첫 3년 계약을 마치고 고향에 잠시 갔을 때 결혼을 했어요. 곧 예쁜 딸아이도 태어났죠. 휴가 때 집에 갔다가 아내와 딸을 두고 나 혼자 떠나올 때면, 헤어지기 싫어 가슴이 너무 아팠어요. 가족을 한국에 데려와 같이 살고 싶었어요. 내가 한국에서 경험하는 것을 아내도 함께 경험해볼 수 있기를 바랐어요. 경제적으로 발전한 한국, 스리랑카와는 사뭇 다른 문화와 역사를 경험하고, 우리와 비슷하고도 다른 한국 사람들을 만날 기회를 주고 싶었어요. 같이 기차 타고 여행하고 싶었고, 맛있는 한국 음식을 같이 먹고 싶었어요. 아이가 한국 아이들과 어울리며 한국어를 배웠으면 좋겠다는 생각도 했어요. 그런데 애석하게도 E-9 비자는 가족을 초청할 수 없다고 하더라고요. 잠깐 여행으로 다녀갈 수도 없었어요. 너무 엄격하게 막아서 비참한 마음이 들 정도였어요.

　비자를 바꾸고 서둘러 아내와 아이를 초청해서 2년 반을 같이 지냈어요. 정말 꿈같았어요. 기숙사에서 나와 월셋집을 따로 얻어 지내자니 생활비가 몇 배로 들었어요. 그래도 기쁨이 컸어요. 딸

아이를 어린이집에 보냈더니 금방 한국말을 배워서 나보다 더 잘할 정도였어요. 예쁘고 사랑스러웠어요. 아이 어린이집 친구 집에 초대받아 가기도 했고, 그 가족을 우리 집으로 초대하기도 했어요. 스리랑카식으로 음식을 하면 손님들이 먹지 못할까 봐 중국식으로 볶음밥을 만들었어요. 세모 모양의 튀김만두인 사모사도 만들었죠. 맛있다고 좋아하니 고맙고 기뻤어요. 아내와 그 아이 엄마는 친구가 되어 지금도 메신저로 시시콜콜 소식을 주고받아요.

문제는 돈이었어요. 그즈음부터 야근이 없어져서 잔업 수당이 뚝 끊겼거든요. 그때부터 지금까지 내가 받는 돈은 겨우 200만 원가량입니다. 몇 번 사장님에게 부탁했어요. 월급 좀 더 달라고요. 가족들과 같이 살기 힘드니까 도와달라고요. 그런데 사장님은 내 사정에 전혀 관심이 없었어요. 회사도 힘들다는 말뿐이었어요. 내 기술을 생각하면 돈을 더 줘도 되는데, 참 야속했어요. 나는 다른 회사 사장님들에게 월급 300만 원 이상 줄 테니 오라는 말도 자주 듣는데 말입니다. 그러다 둘째 아이가 생겼어요. 어린아이를 낳고 기르는 데 정말 돈이 많이 들더군요. 더 이상 월수입 200만 원으로 버틸 수가 없었어요. 나는 다시 사장님에게 부탁했어요. 가족을 보내고는 내가 견딜 수 없으니 제발 월급을 올려달라고, 어렵다면 나를 다른 회사로 보내달라고요. 그전에도 같이 일하던 여러 고용허가제 노동자들이 회사를 떠났는데, 다들 월급 문제였어요. 사장님 사인을 받아야 회사를 그만둘 수 있으니까 다들 애원하고 싸우고 일 안 하고 버텨가며 사인을 받아서 나갔어요. 나는 그러지 않았던 게 잘못이었나 봐요. E-7 노동자는 E-9 노동자보다 쉽게 회사를 옮길 수 있을 거라고 생각했는데 그것 또한 잘못 알았던 거예요. 내가 다른 회사로 보내달라니까 사장님이 그랬어요. 갈 수 있으면 가라고. 그 말을 믿고 출입국사무소에 갔더니 절대 안 된다는 거예요. 회사가 문 닫지 않는 한 계속 이 회사에서 일해야 한다고. 마음대로 옮기면 비자가 취소된다고. 사장님은 처음부터 다 알고 있었으면서 나를 가지고 논 것이었어요. 마음이 많이 아팠어요.

분신 같은 '파주 스리랑카 사미티얼'

✳

우리 회사 용접실을 내가 다 책임지고 있어요. 만약 한국인이 같은 일을 한다면 월급을 두 배 이상 줘야 할 거예요. 하지만 나는 여기서 10년, 20년, 아니 100년을 일한다 해도 똑같을 거예요. 10년 일해도 최저임금, 100년 일해도 최저임금… 아무리 좋은 기술로 오래 열심히 일해도 달라지지 않을 거라고 생각하니 힘이 쭉 빠졌어요. 더 이상 이 회사에 정성을 들이고 싶지 않다, 그런 생각이 불쑥불쑥 올라왔어요. 하지만 당장은 다른 방법이 없다, 가족들 비자가 다 나한테 달려 있으니 문제가 생기면 절대 안 된다, 그러니 일단 일을 계속하자. 그리고 결심했어요. 둘째가 비행기 탈 수 있을 만큼 자라면 가족을 먼저 보내고 1년 뒤에 나도 가야겠다. 어느새 그 시간이 다 지났네요. 이제 떠나야 할 날이 다가오고 있어요.

코로나19 때문에 비행기가 다 멈춰서 걱정이에요. 가끔 특별기가 있다고 해서 탑승 대기자 명단에 올려뒀는데, 대기 인원이 800명이라니 내 차례가 오려면 시간이 많이 걸릴 것 같아요. 나는 스리랑카에 돌아가서 한국인을 전문으로 안내하는 여행사를 하고 싶어요. 연습 삼아 팀을 꾸려 스리랑카 여행을 다녀오기도 했죠. 막상 해보니 배워야 할 것이 무척 많았어요. 돌아가서 1년 정도 공부해서 자격증을 먼저 따려고 합니다. 차근차근 준비해서 꼭 성공하고 싶어요. 슬픈 이야기가 있는 바위 왕궁 시기리야, '세상의 끝'을 향해 뚜벅뚜벅 걷는 호턴플레인스 트레킹, 엘라의 산악열차… 아름다운 스리랑카 구석구석을 여행자들과 함께 누비는 모습을 상상하며 여행 코스를 짜보기도 해요. 한국인 중에는 스리랑카라는 나라를 아예 모르는 이들도 많잖아요. 잘 알려서 한국인들이 우리나라에 많이 찾아왔으면 좋겠어요. 그런 준비를 하며 어수선하고 착잡한 마음을 달래곤 합니다.

그것 말고도 마음 쏟는 일이 또 하나 있어요. '파주 스리랑카 사미티얼_{공동체}'이 앞으로도 훌륭하게 이어질 수 있도록 준비하는 일이죠. 내가 한국에 있는 동안 가장 잘한 일은 공동체를 만들어 10년을 지켜온 것이라고 생각해요. 여기 온 지 얼마 안 되어 어리바리하던 시절, 나보다 몇 년 먼저 온 친구를 만났어요. 그 친구가 아픈 친구를 돕는 모습을 보고 감동받았는데, 나에게 경기도 파주 지역에서 스리랑카 사람들 모임을 만들어 서로 돕자고 했어요. 바로 의기투합했죠. 그때 의정부와 포천에 스리랑카 공동체가 있어서 훌륭하게 활동하고 있다는 것을 알게 되었어요. 그전에는 공동체가 무엇인지 이주민 인권단체가 무엇인지 전혀 몰랐어요. 선배 공동체들에게 배워가며 파주에서도 모임을 만들고, 친구는 회장을, 나는 총무를 맡았어요. 첫 활동이 2011년 설 행사였는데, 이리저리 도움받아 신나게 행사를 마쳤어요. 처음 해보는 일이라 무지 힘들었지만 배우는 것도 많았어요. 그 일을 인연으로 파주 샬롬의 집과 특별한 연대감을 갖게 되어 지금까지 같이 활동하고 있어요. 혼자였다면 견디기 힘들었을 시간을 공동체와 친구들이 있어서 즐겁게 지낼 수 있었어요. 친구가 귀환한 뒤, 내가 4년간 회장을 맡아 일했으니 공동체는 나의 분신이라고 할 수 있어요.

우리 친구들이 한국에서 제일 힘들어하는 것이 바로 외로움이에요. 아는 사람도 없고 내 편 들어주는 사람도 없는데, 아프기라

도 하면 진짜 서러워요. 그럴 때 서로 힘이 되어 돕자고 만든 것이
바로 공동체죠. 우리 공동체는 누구에겐가 문제가 생기면 나서서
돕고 통역도 하며 마음을 많이 써요. 우리끼리 해결할 수 없는 큰
문제가 있을 때는 파주 샬롬의집 같은 이주민 인권단체에 도움을
요청해요. 또 우리나라에 어려운 일이 생겼을 때도 우리는 힘을
모아요. 스리랑카는 비가 많이 오는 나라라서 홍수가 정말 잦아
요. 많은 사람이 죽고 다치고 집을 잃어요. 우리는 먼 곳에 있어서
달려가 도울 수 없으니 대신 돈을 모아 보내죠. 먼저 귀환한 친구
들이 그 돈을 받아서 고난을 겪은 이웃들에게 먹을 것을 전달합니
다. 물에 쓸려간 책과 옷을 아이들에게 다시 안겨줍니다. 나도 돌
아가면 그 일을 열심히 하려고 해요.

요양원 어른신들과 함께했던 잔치, 가슴에 남아

＊

세월호 사건이 일어났을 때, 우리 공동체는 금촌역 앞에서
우리 방식으로 불교 법회를 했어요. 희생당한 분들이 좋은 데 가
시도록 기도하고 싶었어요. 지나가던 한국인들이 모두 고맙다고
하니 작은 위로라도 되었나 싶어 마음이 좋았어요. 요양원에 계신
어르신들을 모시고 잔치를 열었던 일도 마음 깊이 간직하고 있어

요. 정말 감동이었어요! 그때 내가 어르신들께 이렇게 인사드렸어요.

"제 첫 번째 나라는 스리랑카이고 두 번째 나라는 한국입니다. 한국이 발전한 이유는 30~40년 전에 열심히 일하셨던 어른들 덕분이라고 생각해요. 할아버지 할머니들이 이 나라를 이렇게 만들어주신 덕분에 우리가 와서 돈 벌고 있으니, 어르신들이 우리 가족과 우리나라도 도와주시는 겁니다. 고맙습니다."

낯간지럽다고요? 아이고, 왜 그러세요. 이게 진짜 내 마음이라고요! 진심이 전해졌는지 어르신들이 행복한 눈물을 흘렸어요. 멋쩍어하시는 어르신들을 엎어드리며 우리도 행복했어요. 우리 스리랑카에도 불교 문화가 깊고 어른을 공경하는 문화가 있어서 한국 어르신들과 정서적으로 잘 맞았던 것 같아요.

내가 떠난 뒤에도 공동체 회원들이 계속 같이 활동하며 재미나게 지냈으면 좋겠어요. 10년을 일해도 100년을 일해도 여전히 우리를 차갑게 대하는 한국이지만, 틈새란 늘 있는 법이니까요.

가족과 함께 살 권리를 빼앗았다고요?

고용허가제 노동자는 가족과 함께 지낼 수 없어요. 가족 초청을 금지당했기 때문이죠. 고용허가제 노동자는 짧으면 3년, 길면 10년까지 한국에서 일해요. 단지 일자리를 줬다는 이유로 무려 10년이나 '가족결합의 권리'를 빼앗는 것이 과연 온당한 일일까요?

고용허가제로 한국에 오려면 나이가 18세 이상 39세 이하여야 해요. 한창 사랑에 빠져 가정을 꾸리고 자녀를 낳아 양육할 나이죠. 그 나이에 무조건 가족과 떨어져 살아야 한다면 어떨까요? 가정을 꾸릴 기회도 자녀를 낳아 돌볼 기회도 놓치게 되겠지요.

니로샨 씨는 운 좋게 휴가 기간에 혼인을 했지만, 많은 경우 혼인 적령기를 놓치고 말아요. 오래 떨어져 지내는 탓에 배우자와 관계가 어긋나기도 해요. 어린 자녀를 두고 이주노동에 나선 이들도 고통을 겪어요. 자녀가 성장하는 동안 곁에서 돌보며 사랑하지 못하니 자녀와 애착을 형성하기 힘들어요. 애정 결핍이 원인이 되어 탈선하는 자녀도 적지 않고요.

이주노동자의 삶을 조금이라도 고려한다면, 가족 동반 금지를 원칙으로 하는 제도는 만들지 말아야 하겠죠. 원할 경우 가족과 함께 살 수 있도록 하고 그 가정을 보호하기 위해 사회가 같이 노력해야 해요. 더불어 니로샨 씨처럼 오래 경력을 쌓고 좋은 기술을 가졌는데도 단지 이주노동자라는 이유로 낮은 임금을 강요받는 일도 없어야겠지요. 우리 사회에 속한 누구라도 경력과 기술에 맞는 임금을 받으며 가족과 더불어 행복을 추구할 수 있어야 하니까요.

엄마의 반미빠떼가 최고라고
까르륵거리던 딸들

그리움을 안고 사는 로안

베트남 여성 로안은 베트남에서 맛집으로 알려졌던 식당을 운영했지만,
인생의 굴곡을 피하지 못한 탓에 한국에 오게 되었다.
가족이 그리워 잠을 이루지 못하는 날이면 눈을 감고 요리를 한다.
어둠을 스쳐 가는 냄새와 맛, 만족스러운 웃음과 가족들의 얼굴을
놓치지 않으려 로안은 시공간을 넘고 의식과 무의식의 경계를 넘는다.

가족과 한 세트처럼 '야까이' 생각나

＊

가만히 누워서 안 오는 잠을 청하자니 빠떼 익는 냄새가 코
를 스쳐 갔어요. 이 밤중에 누가 빠떼를 만들까, 눈을 감고 기다렸
지만 그 냄새는 다시 오지 않았어요. 그렇지, 여기서 누가 빠떼를
만들 리 없지, 분명 내 마음속에서 번져 나온 냄새였을 거예요. 우
리 딸들이 좋아해서 나는 반미빠떼를 자주 만들었어요. 반미빠떼
는 프랑스의 영향을 받은 음식이에요. 베트남이 전에 오래도록 프
랑스 식민지였다는 것을 잘 아실 테지요. 그때 바게트와 빠떼가

베트남에 넘어왔대요. 바게트가 베트남식으로 바뀌면서 반미가 되었고, 빠떼는 프랑스어 이름을 그대로 쓰고 있어요.

　베트남 땅은 아래위로 길어서 북쪽과 남쪽 문화가 상당히 달라요. 나는 북쪽 하노이 사람이니 북쪽 문화를 중심으로 이야기할게요. 남쪽에서는 바게트 자체 혹은 바게트에 고기나 채소를 끼워 만든 샌드위치 둘 다 반미라 부르는데, 북쪽에서는 그냥 빵을 의미해요. 나는 빵집에서 갓 구운 반미를 사 오고, 빠떼는 직접 만들었어요. 프랑스가 원조 나라이니 거기 빠떼가 당연히 맛있겠지만, 나는 베트남식으로 베트남 양념을 넣은 빠떼를 '엄청' 맛있게 만들죠.

　나는 차근차근 요리를 시작해요. 바지런히 돌아다니며 장을 봐다가 주방 가득 재료를 늘어놓아요. 갓 구워 아직 따뜻한 반미, 돼지고기와 돼지 간, 돼지 껍데기를 삶아 얇게 썬 비해오, 양파, 마늘 등등. 우선 돼지 간을 우유에 30분간 담갔다 꺼낸 후 다시 소금물에 잠깐 담가둬요. 잡냄새를 없애고 풍미를 부드럽게 하기 위해서죠. 준비된 재료에 반미의 부드러운 빵 속을 섞은 후 믹서로 갈아요. 이때 꼭 넣어야 하는 양념이 '웅우비흐엉'이죠. 이건 한국에 없는 양념이라 설명이 좀 필요하겠어요. 웅우비흐엉은 '다섯 가지 향신료'라는 뜻인데, 계피와 정향 같은 여러 가지 향신료를 섞은 가루예요. 베트남에서 고기 요리할 때 주로 쓰는데, 얼마 전 한국

인터넷 판매 사이트에서도 파는 것을 발견했어요. 여기서 베트남 양념을 보니 어찌나 신기하고 반갑던지요.

다 갈린 반죽을 냄비에 담아 차분하게 다독여 중탕으로 세 시간 정도 서서히 익히면 구수하고 깊은 냄새가 퍼지죠. 불현듯 내게 찾아왔던 바로 그 냄새 말입니다. 정말 그리운 냄새… 이렇게 만든 빠떼를 찹쌀밥과 함께 먹거나 반미에 끼워 넣어 반미빠떼로 만들어 먹어요. 차게 먹어도 되지만 나는 데워서 따뜻하게 먹는 것을 더 좋아해요. 어른들은 고수, 오이 같은 채소와 고추 소스도 함께 넣어 먹는데, 우리 아이들은 매운 것을 못 먹어서 그냥 빠떼만 넣어서 줘요.

딸들은 내가 해주는 반미빠떼를 무척 좋아했어요. 엄마 음식은 다 맛있는데 그중에서 반미빠떼가 최고라고 까르륵거리던 딸들. 딸들이 맛있게 먹으면 나는 안 먹어도 배가 불렀어요. 딸들을 두고 베트남을 떠나올 때, 눈에 그렁그렁 매달렸던 눈물이 지금도 기억나요. 우리 딸들은 지금 무엇을 먹으며 어떻게 지내고 있으려나, 마음이 또 저릿저릿합니다. 딸들 생각하면 모두 포기하고 달려가고 싶어요. 하지만 한국에 오느라 너무 큰 돈을 들여서 아무리 울렁거리고 아파도 돌아가지 못해요. 멋도 모르고 걸려든 이 그물은, 내가 원한다고 해서 벗어날 수 있는 게 아니었어요.

가족들 얼굴이 하나씩 스쳐 가고 마치 가족과 한 세트인 것처럼 '야까이'가 생각납니다. '야'는 가짜, '까이'는 개라는 뜻이니까, 야까이는 가짜 개고기란 뜻이죠. 가짜 개고기라니, 무슨 얘기냐며 웃고 있나요? 베트남에서는 개고기를 흔하게 먹어요. 전에는 더 많이 먹었는데, 요즘은 하노이시와 호찌민시 정부에서 개고기 식용 문화 근절 캠페인을 벌이고 있는 덕분에 점점 줄어들고 있어요. 정말 다행이죠. 우리 가족은 원체 개를 예뻐해서 개고기 먹는 사람들을 미워했거든요. 개고기가 아무리 흔해도 우리 가족처럼 안 먹는 사람들 또한 상당한지라 오래전부터 개고기 대신 돼지고기로 비슷한 음식을 만들게 되었다고 해요. 한국 음식에도 그런 것이 있다고 들었어요. 개장국에 개고기 대신 소고기를 넣어 육개장, 닭고기를 넣어 닭개장이 되었다고 하던데, 맞나요? 역시 어느 나라나 비슷한 일이 벌어지나 봐요.

열심히 배워가며 '분야까이' 식당을 냈어요

※

우리 어머니는 돼지 앞다리가 살이 많아서 좋다고 항상 앞다리로 야까이를 만들었어요. 앞다리를 통째로 사다 털을 깔끔하게 제거하고 물로 씻어요. 그리고 포일에 싸서 불 위에 잘 돌려가며 굽지요. 노릇노릇해지면 굵은 소금으로 쓱쓱 문질러 물로 씻어

내요. 그다음은 좀 힘이 필요해요. 구운 앞다리를 커다란 도마에 올려놓고 도끼처럼 큰 칼로 텅! 텅! 내리쳐서 적당한 크기로 잘라야 하거든요. 뼈까지 잘리도록 힘을 다해서 내리쳐야 해요. 이건 한국에서는 좀 무리지요? 아파트나 빌라 같은 데서 그랬다가는 아랫집이나 윗집에서 집 무너진다고 쫓아올지도 모르니까요. 한국에 처음 와서 부엌도 없는 집을 얻어 들어갔을 때 내 머릿속에 떠오른 것은, 참으로 어이없게도 어머니가 커다란 도마 위에 돼지 족을 올려놓고 힘껏 칼을 내리치던 모습이에요. 여기서 야까이는 못 해 먹겠구나! 느닷없고 공연한 상실감이 훅 밀려들었어요.

다 잘랐으니 이제 양념을 해야죠. 고기를 새우젓, 양강근, 생강황, 레몬그라스, 미니양파같이 향이 강한 재료와 섞어 재어요. 양강근은 생강처럼 향이 진한 뿌리인데 한국에서는 보기 힘들더라고요. 미니양파는 일반 양파보다 작고 단단해요. 샬롯이라 부르기도 하는데, 역시 한국에서는 보기 드물어요. 재료 중에 특히 중요한 게 있어요. 바로 '매'예요. 매는 흰쌀밥에 매 종균을 넣어 삭힌 것인데 쓴맛이 나고 술 같아서 많이 먹으면 취할 수 있어요. 베트남에서는 매를 '키운다'고 해요. 한국에서 우유로 유산균 만드는 것을 보고 매를 키우던 것이 생각났어요. 매를 아무나 잘 키우는 것은 아니에요. 자칫 잘못하면 곰팡이가 피어 매가 다 죽어버리거나 맛없는 매가 되거든요. 우리 어머니 매는 동네에서 유명해서 이웃 아주머니들이 자주 얻으러 오곤 했어요. 요즘은 세상이 달라져서 가게에서 매를 상품으로 팔기도 하더군요. 새우젓 이야기도 빼먹지 말아야 해요. 한국 새우젓은 불그스름 예쁘지요? 하지만 그런 새우젓을 생각하면 곤란해요. 우리 새우젓은 오래오래 삭혀서 색이 검고 냄새도 엄청나죠. 푹 삭힌 홍어급이에요. 야까이는 매와 새우젓의 질에 따라 맛이 달라집니다.

재료에 간이 잘 배었을 테니 냄비를 불에 올려서 한소끔 끓여요. 바그르르 끓어오르면 재료가 잠길 만큼 물을 붓고 약한 불로 국물이 자작해질 때까지 졸여요. 음식을 낼 때 붉은 고추를 송송 썰어 올리면 색이 예쁘고 더 먹음직해요. 윤기가 자르르 흐르는 고기를 베트남 향채소와 함께 입에 넣으면, 그 맛과 향에 아, 눈이 저절로 감깁니다!

나는 딸 다섯 중에 셋째예요. 아버지는 전쟁(베트남 전쟁, 1975년 종전)이 끝나던 즈음에 숯 장사를 시작했다고 해요. 숯으로 유명한 '왕닝'이라는 지역에서 숯을 대량으로 떼어다 하노이에서 도소매로 파는 일이었죠. 지금이야 어지간한 집에서는 다들 가스레인지를 쓰지만 나 어릴 때만 해도 나무를 때서 밥을 지었어요. 가난한 집 솥단지는 장작불 그을음에 궁둥이가 새까매지는데, 잘사는 집 솥단지는 숯 덕분에 밑바닥이 아주 말짱했어요. 숯이 흔했던 우리 집도 솥단지가 깨끗해서 동네 친구들이 부러워했어요. 주말이면 시집간 다섯 딸이 집으로 모여들었어요. 딸들의 유쾌한 수다를 들으며 아버지가 조용히 미소 짓던 모습이 떠오릅니다.

아버지가 야까이를 무척 좋아하셔서 주말마다 우리 집 단골 메뉴였어요. 항상 요리는 어머니가 했는데, 늙으신 뒤로는 요리 솜씨를 물려받은 내가 주로 했어요. 아버지는 어머니가 만든 야까이를 최고로 쳤지만 내 것도 맛있다고 하셨어요. 아버지가 칭찬하셔도 나는 어머니 발뒤꿈치도 못 따라간다는 것을 잘 알아요. 그래도 나는 열심히 배워가며 '분야까이' 식당을 냈어요. '분'은 밀국수를 뜻하니까, 분야까이는 야까이와 밀국수를 같이 먹는 거예요. 베트남 사람들이 아침 식사나 저녁 술안주로 좋아하는 음식이죠. 어머니는 내가 음식점을 낸다고 했을 때 걱정이 크셨던가 봐요. 처음엔 자주 가게에 와서 이것저것 살펴주시더니 곧 안심하시는 듯했어요. '우리 딸, 이 정도면 됐다. 그만 하산하거라.' 자글자글 주름 잡힌 어머니 눈이 내게 그렇게 말했어요. 평생 음식 장사를 해온 어머니가 인정해준 거니까 믿으셔도 됩니다.

나는 새벽 3시에 식당으로 나가 음식 준비를 했어요. 이른 손님은 5시면 벌써 식사하러 오거든요. 베트남은 더운 나라라 해가 덜 뜨거운 아침 일찍부터 움직여야 해요. 아이들 학교도 겨울철 빼고는 7시에 시작합니다. 다들 바쁜 시간이니 각 가정에서 아침을 준비하기 힘드니까, 온 가족이 외출 준비를 마치고 식당에

나와 밥을 먹고 각자 학교와 일터로 가죠. 우리 가게가 있던 거리는 한 집 건너 하나씩 식당이었어요. 아침 식사 손님 맞으려고 새벽부터 모든 가게가 불을 밝히고 음식 준비에 들어갑니다. 제일 부지런한 내가 돼지족을 숯불에 구우면 연기가 올라 거리를 채우며 골목의 하루가 시작되지요. 곧 식당마다 맛있는 냄새가 퍼져 나오고 손님들이 찾아와요. 장사하느라 정신없다 보면 어느새 날이 밝고 우리 딸들이 시누이 손을 잡고 와요. 나를 대신해서 시누이가 아이들을 깨우고 챙겨 데리고 나온 거예요. 딸들은 야까이를 별로 안 좋아해서 나는 미리 만들어놨던 반미빠떼나 옆 가게에서 사 온 퍼보 쇠고기 쌀국수를 먹이죠. 그리고 아이들을 오토바이에 태워 학교에 데려다줍니다. 아무리 바빠도 학교 마칠 시간이면 또 학교에 가서 아이들을 태워 왔어요. 내 허리를 꼭 안고 재잘거리던 딸들 목소리가 다시 들리는 듯해요. 나는 정말 열심히 살았어요.

그때는 정신없이 사느라 그 평범한 일상이 귀한 줄 몰랐어요. 정성 들여 음식 만들고 아이들 키우던 그런 일상, 지금 되돌아보니 그 시간이 사무치게 그리워요. 땀 흘려 모은 돈을 한순간 판단을 잘못해서 사기당해 다 날리고 가게 문도 닫아야 했어요. 설상가상, 그 일로 속을 끓이다 보니 병까지 생겨 주저앉고 말았지요. 순식간에 하늘이 무너지고 온 인생이 뒤틀려버렸습니다. 아이들 데리고 어떻게 사나 생각하며 막막한 나날을 보내다, 나는 한국에 오기로 결심했어요. 빈털터리인 주제에 여기저기서 돈을 얻어 비용을 마련해서 수속을 밟았어요. 한국에서 지난 3년, 이를 악물고 지냈어요. 죽도록 일하고, 병이 깊어지면 쉬기를 반복하면서요. 지금은 힘든 일을 못 해서, 좀 수월한 바느질 일을 하고 있어요. 고급 옷을 손바느질로 마무리하는 일인데, 내 바느질 솜씨가 꽤 쓸 만하다고 해요.

오늘도 꿈속에서 딸들에게 물었어요. 내 딸들, '엄마표 반미빠떼' 지금도 기억하고 있니? 나중에 또 맛있게 먹어줄 거지? 아무 대답도 들리지 않으니 내 질문만 떠돌다 맥없이 사그라집니다. 이번 여름은 비가 참 많이 오네요. 비 때문인지 시린 눈물 때문인지 세상이 다 젖어 있는 새벽입니다.

내 사람이 아무도 없어요

고향을 떠나 어쩔 수 없이 낯선 나라로 왔어요

사람들이 내 미소를 보고 행복하다고 생각하나 봐요

강철처럼 기계와 싸울 때 울어서 눈이 퉁퉁 부었네요

언젠가는 여기 이 눈물에 빠져버릴 것만 같아요

이즈음 고향의 어머니가 편찮으셔서 걱정이 돼요

이런 근심 걱정으로 울다 울다가 지쳐버렸어요

나는 돈이 열리는 나무를 찾으려고 엄청 돌아다녔네요

언젠가는 여기 이 눈물에 빠져버릴 것만 같아요

여기는 내 사람이라고 할 만한 사람이 아무도 없어요

- 〈눈물에 빠져버릴 것만 같아요〉의 일부, 니르도스 시버

이주노동자들이 품고 있는 사랑, 가족에 대한 그리움, 삶의 회한,
미래에 대한 희망은 잘 보이지 않아요. 이주노동자를 받아들이
는 나라는 이주노동자를 단지 노동력으로만 생각할 뿐 그 마음
을 보려 하지는 않기 때문이죠.

한국이주민건강협회가 2021년 이주노동자 102명에게 물었더
니, 전문 상담 치료가 필요할 만큼 정신건강이 좋지 않은 사람이
절반 이상이었다고 해요. 원진재단부설 노동환경건강연구소는
2019년 '한국 내 네팔 이주노동자 정신건강 실태조사'를 통해 이

주노동자들이 가장 힘들어하는 것이 무엇인지 물었는데, 한국의 노동환경이 생각했던 것과 너무 다른 데서 오는 실망과 절망감, 가족이나 연인, 음식 등 고향에 대한 그리움, 고립감과 외로움, 모멸감을 주요하게 꼽았다고 해요.

한국에서 일하는 네팔 시인 니르도스 시버는 이주노동자의 아픔을 '눈물에 빠져버릴 것 같다'고 표현했어요. 이주노동이 이렇게 고통스럽고 슬픈 것이 아니라 즐겁고 건강한 것이 되려면 무엇보다 노동자가 존엄성을 지킬 수 있는 환경을 만들어야 해요. 노동환경건강연구소는 그 구체적인 방법을 이렇게 제시했어요.

- 노동환경을 개선하고 사업장 이동금지 조항 개정이 필요하다
- 한국의 노동과 생활환경에 대해 정확하게 알려야 한다
- 가족 동반을 허용하거나 고향을 방문할 수 있도록 휴가를 보장해야 한다
- 휴식 시간과 휴일을 보장해야 한다
- 인종차별을 하지 말아야 한다

이 밖에 또 무엇이 필요할까요?

어쭈 째려보네?
까불지 마, 깻잎!
농업 이주노동자 미니어

캄보디아 여성 미니어는 같이 일하던 동생 보파와 함께, 경남 밀양 농장을
떠나 경기도 안산의 이주노동자 지원 단체 '지구인의 정류장'에 도착했다.
이 정류장은 지구인이 잠시 쉬어가는 곳이요,
다른 일터로 옮겨 가기 위해 준비하는 곳이다.
미니어는 정류장에서 김 선생님을 만나 냉혹한 세상에 대처하는 방법을
배우고, 폰 언니를 만나 미래를 준비하는 눈을 넓힌다.

궁지에 몰아넣고 160만 원 주겠다니

✼

"이 들깻가루 넣어 먹으면 더 맛있어요."

"들깨요?"

"이게 들깨예요. 깻잎을 3년 넘게 딴 사람이 들깨가 뭔지도 몰
라요? 이 들깨가 깻잎 열매잖아요."

"몰라요…."

김 선생님이 조그만 통을 열어 거뭇한 가루를 보여주더니 한
숟가락 떠서 자기 순댓국에 넣었어요. 내게도 넣어보라고 통을 밀

어줬지만 나는 내키지 않았어요.

"그럼 깻잎은 먹어봤어요?"

"아니요. 한국 사람들이 삼겹살 싸 먹는다는 말은 들었어요."

"너도 깻잎 안 먹어봤니? 하긴 나도 그래. 나도 얼갈이, 시금치를 몇 년이나 키우고 뽑았지만 한 번도 안 먹어봤어. 어떻게 먹는 건지 알지도 못하고."

폰 언니가 말했어요. 폰 언니, 김 선생님과 함께 순댓국을 먹으면서 나눴던 대화예요. 만날 붙들고 씨름하던 그 깻잎에서 이 깨가 생긴다고요? 신기해요. 지금 생각해보니 나는 깻잎을 먹어볼 생각도 하지 않았어요. 채소를 키우면서도 시장에서 캄보디아 채소를 사다 먹었어요. 한국 사람과 같이 밥 먹어본 것도, 사장님과 같이 먹은 거 빼고는 순댓국 식사가 처음이었어요. 한국 사람들이 어떻게 사는지, 집은 어떻게 꾸미고 지내는지, 무엇을 먹는지 궁금했지만 그런 것을 알려줄 한국 사람은 만나지 못했어요. 궁금한 것은 그저 궁금하다 생각하고 말았어요. 일 못한다고, 깻잎 더 따라고 매일 혼내는 사장님한테 그런 걸 물어볼 수는 없잖아요.

나는 같이 일하던 동생 보파와 함께 밀양 농장을 떠나 안산의 쉼터에서 지내고 있어요. 쉼터는 크메르_{캄보디아} 노동권협회에서 운영하는 곳인데, 우리같이 일을 그만둬서 잠잘 곳이 없는 사람들에게 안전한 휴식 공간을 제공해주는 곳이죠. 보파와 나는 여기서 지내며 '지구인의 정류장'에서 우리 문제를 상담했어요. 정류장은 페이스북을 통해서 알게 됐는데, 우리에게 필요한 노동 정보를 캄보디아어로 설명해주고, 문제가 생겼을 때 어떻게 대처해야 하는지 구체적인 방법을 상의할 수도 있어요. 한국인인 김 선생님은 캄보디아 노동자를 지원하기 위해 일부러 캄보디아어를 배웠다고 들었어요.

밀양 농장을 생각하면 마음이 좀 안 좋아요. 2017년 4월부터 3년 4개월이나 일한 농장인데, 마지막에 안 좋게 헤어지고 나와서 속상하고 슬퍼요. 3년 4개월 동안 참 별일이 다 있었는데, 그것을 다 이야기하자면 속이 까맣게 썩어버릴지도 몰라요. 작년 12월부터 있었던 일만 이야기할게요. 나는 아침 6시부터 저녁 6시까지 점심시간 한 시간 빼고 매일 열한 시간씩 일하고 189만 원을 받았어요. 매월 노동 시간이 평균 290시간가량이니 최저임금 적용하면 받아야 할 월급이 250만 원 정도죠. 그런데 189만 원만 받았으니 매달 60만 원이나 떼인 거예요.

최악의 상황은 올해 3월부터 시작됐어요. 3월은 내 3년 계약이 끝나고 새 계약이 시작되는 시점이었어요. 우리는 3년 동안 일하기로 계약하고 오는데, 일하던 회사와 계약을 연장하면 1년 10개월 비자를 더 받을 수 있어요. 만약 중간에 회사를 옮겼다면, 계약 만료일까지 근무 기간이 1개월 이상 남아 있는 경우에만 비자를 연장받을 수 있대요. 왜 이렇게 복잡한지 모르겠지만 암튼 그렇대요. 그런데 계약을 연장하자던 사장님은 계약만료일을 한 달도 안 남긴 상태에서 갑자기 말을 바꿨어요. 내가 일을 못해서 연장을 안 해주겠대요. 급하게 그만두고 다른 농장을 찾더라도 그 1개월 규정 때문에 비자를 연장할 방법이 없는 시점이었어요. 나를 궁지에 몰아넣은 사장님은 새로운 제안을 했어요. 월 160만 원에 일을 하겠느냐고, 하겠다면 계약을 연장해주겠다고. 만약 받아들이지 않으면 꼼짝없이 캄보디아로 돌아가야 하는 처지였어요. 달리 방법이 없었어요. 눈물을 삼키며 그러겠다고 했어요. 160만 원에서 기숙사비 20만 원을 제하니 140만 원, 의무적으로 들어야 하는 건강보험료 12만 원까지 빼니 128만 원이 남았어요. 한 달에 겨우 이틀 쉬고 매일 열한 시간씩 일해서 내 손에 쥐는 돈은 고작 128만 원. 보파도 월급이 똑같이 줄어들었어요. 우리는 6개월간 그렇게 말도 안 되는 조건으로 일했어요.

회사를 옮길 자유만 있었다면⋯

✳

시급으로 임금을 계산하니까 일한 시간을 입증하는 것이 가장 중요해요. 우리는 아침 6시부터 저녁 6시까지 일했다는 객

관적인 증거를 마련하려고 여러 방법을 생각해봤어요. 일을 시작하고 마치는 시간을 달력에 매일 적었어요. 이걸 자료로 내밀어도 네 마음대로 쓴 거 아니냐고 할 수 있겠죠. 일을 시작하고 마칠 때마다 깻잎 밭에서 시계가 보이도록 사진 찍었어요. 공장에서 일하는 친구들 말을 들으니, 카드를 넣으면 출퇴근 시간을 '철컥' 하고 찍어주는 기계가 있대요. 농장에도 그런 것이 있으면 얼마나 좋을까요.

우리는 사장님에게 월급을 제대로 계산해달라는 의사를 침착하게 전달했어요. 물론 사장님은 펄쩍 뛰었어요. 꼼꼼하게 기록하고 사진 찍어 자료를 마련했어요. 그걸 기준으로 김 선생님과 같이 차근차근 계산했어요. 덜 받은 월급과 출국만기보험(퇴직적립금) 차액, 계약보다 더 빼앗긴 기숙사비까지 계산하니 2019년 12월부터 2020년 8월까지 더 받아야 할 돈이 900만 원가량이나 됐어요. 그 숫자를 내 눈으로 보면서도 믿어지지 않았어요. 보파 역시 비슷한 금액이 나왔어요. 3년 치를 다 계산하면 못 받은 돈이 2,000만 원이 훌쩍 넘을 듯싶어요. 그러나 실제 근무시간을 증명할 자료가 없으니 어쩔 수 없이 포기했어요. 이렇게 중요한 것을 왜 아무도 미리 가르쳐주지 않았을까요? 우리는 고용노동청과 고용센터에 임금 체불과 근로계약 위반, 최저임금법 위반, 다른 농장으로 불법 파견 보낸 것 등을 적어 진정서를 냈어요. 그 농장을 그만두고 싶으니 직권으로 사업장을 바꿔달라고도 했어요.

만약 우리에게 회사를 그만두고 다른 회사로 옮길 권리가 있었다면 이렇게 오랫동안 참기만 하지는 않았을 거예요. 불행하게도 우리에게는 그럴 권리가 없대요. 법이 그렇대요. 우리는 외국인이니까 사장님이 그만둬도 좋다고 허락해줘야만 그만둘 수 있대요. 사장님을 사사건건 나쁘게 말하고 싶지 않지만, 이런 일도 있었어요. 전에 같이 일하던 동료가 그만둘 때 사장님한테 100만 원을 주고 허락 사인을 받았어요. 그래서 나도 그만두고 싶다고 말할 때 "100만 원 줄 수 있어요"라고 했어요. 불법이라는 건 알고 있었지만 어떻게든 사장님에게서 벗어나고 싶었어요. 사장님은 단번에 거절했어요. "너 데려오는 데 돈 많이 들었어. 너는 100만 원 갖고 안 돼."

진정 사건에 대해 조사한다고 고용노동청에 출석하래요. 상담소가 있는 경기도 안산에서 관할 고용노동지청이 있는 경남 양산까지 가야 해요. 나는 김 선생님, 보파와 함께 새벽에 쉼터를 나와 버스, 기차, 택시를 갈아타고 갔어요. 그 일곱 시간은 걱정과 두려움으로 가득한 시간이었어요. 고용노동청에 들어가니 미리 와서 근로감독관과 이야기를 나누고 있던 사장님의 뒷모습이 보였어요. 등만 봐도 가슴이 철렁했어요. 근로감독관은 기본적인 사실관계를 확인하더니 우리더러 사장님과 직접 이야기를 나눠 합의를 보래요. 이건 또 무슨 말인가요. 고용노동청은 법을 기준으로 일의 옳고 그름을 정리해주는 곳 아닌가요? 서로 이성적인 대화가 가능했더라면 진정 같은 거 하지도 않았을 텐데요. 고용노동청마저 우리를 구석으로 몰아세우는 느낌이었어요.

그럼 그렇지! 사장님과 나눈 것은 도저히 대화라고 할 수 없는 것이었어요. 사장님은 매서운 눈으로 쏘아보면서 나더러 자기 눈을 보래요. 우리를 죄인 다루듯 하며 화내고 소리쳤어요. 일도 못하는 것들이 돈만 더 달라고 한다, 하루에 몇 시간 일하든 관계없다, 깻잎을 하루 18박스씩 따면 189만 원 줄 건데 그보다 못 따면 박스당 5,000원씩 까야 한다, 그런 말 같지 않은 말을 한없이 쏟아냈어요. 깻잎이 약 1,500장씩 들어가는 박스 18개, 즉 2만 7,000장을 따라는 건데, 구멍 난 깻잎도 많아서 그 개수 채우기가 여간 힘들지 않아요. 구멍 난 잎을 따로 모으는 자루가 그득하단 말입니다. 우리는 애초에 계약한 대로 '일한 시간'으로 계산해달라는 거고, 사장님은 '박스' 수로 계산하겠다고 억지 쓰는 건데, 이게 합의가 될 일인가요. 사장님은 겁주고 으르더니 말을 돌려 나더러 또 같이 일하자고 했어요.

"야가 속이 꽉 찼습니다. 내가 힘들까 봐 짐도 지가 다 들어요. 다른 아가 오면 새로 가르쳐야 하니 내가 욕봅니다. 내가 수족을 마음대로 못 하니 야가 필요합니다. 야가 우리 집에 다시 오면 200만 원

줄 테니 우리 집에 보내주소. 만약 안 한다고 하면 출입국사무소에 풀어줄 생각이 없습니다."

그 말을 통역해주던 김 선생님은 한심하다는 표정을 감추지 못했어요. 미안하지만 사장님, 나는 다시 돌아갈 마음이 전혀 없어요. 내가 그렇게 필요하면 처음부터 사람 대접 좀 해주지 그랬어요. 몸이 불편한 사장님을 도와드리려 노력한 것을 알아주시니 그나마 고맙군요. 나는 농장에서 나오던 날을 다시 떠올렸어요. 8월 반 달 치 월급을 남겨두고 나오는 것인데도 사장님은 끝까지 치졸하게 굴었어요. 숙소 문을 잠그겠다며 빨리 짐을 빼라고 다그쳐서 급하게 가방을 꾸려 나오니, 기숙사비 20만 원씩을 당장 내놓으랍니다. "지금은 돈이 없어요" 하니 "그 짐 내려놓고 빨리 가서 찾아와!" 하고 숨넘어갈 듯 성화를 부려요. 어디 이길 재간이 있나요. 자전거를 타고 가서 ATM에서 돈을 뽑아다 사장님 손에 쥐어주고 나왔어요. 창고로나 쓸 농막을 기숙사라고 살게 하면서 20만 원씩이나 갈취한 것에 대해서는 너무 치사해서 말도 안 했어요. 그렇게 사람도 아닌 듯 대우하더니 어떻게 다시 와서 일해달라는 말을 할까요. 우리에게 돈을 주느니 차라리 변호사를 사겠다며 사장님이 고함치고 생떼를 부리는데도, 근로감독관은 여전히 대화로 풀어보라고 했어요. 자기는 역할을 다했대요. 지치고 힘들었어요. 잠깐 쉬자고 한 사이 사장님은 멋대로 돌아가버렸어요. 그 먼 길을 가서 아무 소득도 없이 돌아와야 하는 우리 처지가 더없이 딱했어요.

이런 맛이었구나, 깻잎, 너는!

✻

안산으로 돌아가는 기차를 타기 전에 삼겹살을 먹었어요. 새벽부터 움직이느라 종일 굶었더니 허기지고 기진맥진했거든요. 삼겹살을 먹으러 식당에 가본 것도 처음이라 좀 신기했어요. 역대급 태풍이 막 지난 터라 그런지 겨우 서너 장씩 나온 상추, 깻잎이 시들시들했어요. 비닐하우스에서 지천으로 보던 깻잎이 이렇게 귀한 것이었구나. 나는 깻잎을 한 장 들고 가만히 들여다봤어요. 숨도 못 쉬고 깻잎을 따느라 손가락 마디가 붓고 저렸던 것을 생각하니 속이 쿡쿡 아팠어요. 그런데 순간, 깻잎 이 녀석이 눈에 힘을 주고 나를 잔뜩 째리지 않겠어요? 어쭈, 까불지 마, 깻잎! 나는 깻잎이 꼼짝 못 하게 얼른 고기를 한 점 싸서 입에 넣고 꼭꼭 씹었어요. 입 안에서 퍼지는 향이 독특했어요. 이런 맛이었구나. 깻잎, 너는!

한국 간다! 철없이 신났었죠

✷

　내 고향 캄퐁참은 캄보디아 수도 프놈펜에서 차를 타고 북동쪽으로 세 시간 정도 가면 닿게 되는 꽤 큰 도시예요. 메콩강을 끼고 있는 비옥한 땅이라 농사를 많이 지어요. 아버지가 교통사고로 일찍 돌아가신 탓에 엄마가 우리 4남매를 키우려고 아등바등했어요. 엄마는 손바닥만 한 밭에 고구마 농사를 지었지만, 워낙 규모가 작아서 돈이 되질 않았거든요. 먹고사는 게 매일 걱정이었죠. 자칫하면 셋이나 되는 동생들을 굶길 판이라 나는 열일곱 살부터 일을 시작했어요. 집에서 가까운 공장에 들어가 몇 년 다녔어요. 아무리 일해도 밑 빠진 독에 물 붓는 것처럼 형편이 나아지지 않았어요. 점점 지쳐가던 중에 고향 친구들 사이에 한국 바람이 불었어요. 한국에 가면 돈을 많이 벌 수 있대, 너도나도 들썩였지요. 나도 가볼까? 마음이 들떠서 별로 고민도 안 하고 바로 결심했어요. 가자, 가서 돈 벌자.

　그런데 한국어 시험을 봐야 한대요. 그것도 점수가 높아야 빨리 계약할 수 있다지 뭐예요. 나는 결심이 물러지기 전에 한국어 학원이 있는 프놈펜으로 직장을 옮겼어요. 월세방을 얻어 살면서, 새벽 5시 30분에 학원에 가서 한 시간 공부하고 아침 7시부터 저녁 6시까지 편직공장에서 일했어요. 한국어 시험은 200점 만점인데, 80점 이상 맞아야 해요. 7개월 공부해서 시험에 합격하고 4개월 뒤에 한 농장과 고용계약을 했어요. 한국아, 내가 간다! 철없이 신났었죠, 그때는.

엄마와 동생들도 생활이 나아질 것이라는 기대로 행복해했어요. 자전거 갖는 게 소원인 아홉 살 막냇동생은 내 주변을 뱅뱅 돌며 졸라 자전거 약속을 받아냈어요. 팔짝거리며 좋아하는 막내를 보며 나도 기뻤어요. 어디 자전거뿐인가요. 무엇을 먹을지 걱정하는 일도 이제 없겠지요. 월급 받아서 꼭 필요한 만큼만 쓰고 다 엄마한테 보냈어요. 급한 불을 끈 엄마는 가족들이 편안하게 살 집을 짓자고 했어요. 우리 집터가 아주 작으니 정말 '작은 집'이죠. 돈을 보내면 조금 짓고 또 보내면 또 조금 짓고 그렇게 천천히 짓고 있어요. 다 지으려면 한동안 돈이 더 들어가야 해요. 내가 계약을 연장하고 싶었던 가장 큰 이유이기도 해요. 얼마 전 동생한테 제보가 들어왔어요. 엄마가 돈을 조금이라도 불려보겠다고 동네 이모들한테 이자 돈을 빌려줬나 봐요. 그랬다가 돈 못 갚는 이모하고 크게 다퉜다지 뭡니까. 그 돈이 어떤 돈인데! 우리 딸이 한국에서 피땀 흘려 번 돈이라고! 하면서요. 에구… 엄마도 참….

가난한 애가 용감하기라도 해야죠

❋

돈을 어떻게 모으고 그 돈으로 미래를 어찌 준비해야 할까요? 집을 짓고 이자 돈을 빌려주는 것밖에 방법이 없을까요? 나는 가족들을 위해 돈을 벌어야 한다는 생각만 했지, 번 돈을 어떻게 저축하고 활용해야 하는지 몰랐어요. 한국에 오기 전에는 동생들 먹이기 바빠서 돈을 모으는 것은 상상도 못 했거든요. 지금도 집 짓는 데 돈이 거의 다 들어갈 테니 미래를 준비할 돈은 아마 남지 않을 것 같아요. 그런데 밀양 사장님이 그렇게 많은 임금을 떼먹었더란 말이죠. 미래를 생각하니 못 받은 돈이 더 아깝고 속상해요. 사장님이 내 미래를 훔쳐간 거잖아요!

"퇴직금을 너무 적게 준 것 같다고 새로 계산해달랬지. 그 말에 사람이 돌변하더라!"

폰 언니가 일하던 농장을 그만두고 쉼터에 오게 된 이유였어요. 폰 언니는 3년하고 1년 10개월의 계약 기간을 한 번 마치고 '성실근로자'로 다시 한국에 왔어요. 성실근로자는 4년 10개월 동안 근무처를 한 번도 안 옮긴 사람한테 주는 특별 기회래요. 나랑 보파는 이미 밀양 농장을 그만뒀으니 특별 기회 같은 것은 물 건너갔네요, 하고 중얼거리니 그렇지 않다고 김 선생님이 알려줬어요. 우리 사건은 임금 체불과 불법 파견이 가장 중요한 문제인데,

임금 체불은 확정하는 데 시간이 많이 걸리겠지만 불법 파견은 이미 확인되었으니 사장님이 허락하지 않아도 고용센터 직권으로 회사를 옮겨줄 수 있대요. 사장님의 불법 행위 때문이니 우리도 '성실근로자'로 인정받을 수 있다고 해요. 이렇게 매정하고 무서운 한국에서 10년씩이나 버틸 수 있을까 걱정이지만, 나도 폰 언니처럼 해보고 싶은 마음이 들기도 해요.

다시, 폰 언니 이야기를 할게요. 언니는 같은 농장으로 다시 돌아와서 일하다 전 근무 기간의 퇴직금이 너무 적게 계산된 것을 알게 됐대요. 고용허가제 노동자의 퇴직금은 사업주가 '고용허가서'상에 기재된 월평균 임금액의 8.3퍼센트를 '출국만기보험'이라는 이름으로 매달 보험회사에 적립하게 되어 있어요. 노동자는 집으로 돌아갈 때 '출국 예정 사실확인서'를 고용센터에서 발급받아 보험사에 제출해서 적립된 돈을 받게 되거든요. 엄청 복잡하죠. 그것도 퇴직금만 받고 안 돌아갈까 봐 출국할 때 공항에서만 지급한다니까요! 진짜 문제는 그렇게 복잡한 과정을 꾹 참고 절차를 거쳐 받게 되는 돈이 실제 받아야 할 퇴직금보다 훨씬 적다는 거예요. '고용허가서'에 적는 임금은 기본급이라 잔업과 야간, 주말 특근 등이 포함된 실제 임금보다 적기 때문에, 기본급을 기준으로 계산해 적립한 '출국만기보험금'은 실제 받아야 할 퇴직금보다 매우 적어요. 그 차액을 회사가 따로 주게 되어 있는데, 언니네 농장에서 그 사실을 숨겼던 거죠. 언니는 성실근로자로 다시 왔으니 뒤늦게라도 알고 차액을 요구할 수 있었지만, 다시 오지 못하는 사람들은 못 받는 경우가 많대요. 언니가 차액 지급을 요구하니 사장님이 불같이 화를 냈대요. "이년이 지랄하네!" 언니는 마음이 처참해지고 무서웠대요.

그때까지는 사장님과 괜찮은 관계 속에 일해왔던 터라, 언니가 느낀 배신감은 무척 컸던 것 같아요. 갈등을 겪다 농장을 나와서 고용노동청에 진정을 넣었대요. 정말 너무해요. 우리가 무슨 대단한 것을 달라는 것이 아니잖아요. 법대로만 지켜달라는 건데, 사실 법도 우리 편이 아니잖아요. 이번에 일을 겪으면서 알아보니, 고용허가제법은 노동자 권리는 다 무시하고 오로지 한국 사장님들만 좋도록 만든 법이었어요. 그런데 그것마저도 안 지키면 우리는 어쩌란 말인가요!

밀양의 비닐하우스 6동에서 새장에 갇힌 새처럼 지내온 나에 비하면, 그래도 폰 언니는 세상을 좀 넓게 산 것 같아요. 언니는 비닐하우스가 90동이나 되는 경기도 포천 농장에서 일했대요. 같이 일하는 이주노동자들도 열 명 정도 됐다고 해요. 언니네 8남매 중에 넷이 한국에서 일하고 있어서 가끔은 뭉쳐서 모임도 한대요. 다들 자기 직장에 매여 있으니 자유롭진 않겠지만 그래도 서로 의지되고 얼마나 좋을까요. 가장 부러웠던 것은 4남매가 각각 2만

달러씩 부모님에게 드리기로 약속하고 그 약속을 다 지켰다는 거예요. 그 외에는 자신을 위해 저축하고 앞날을 준비하기로 했다고요. 그럴 수도 있는 거구나! 정말 놀라웠어요. 언니는 밭을 사서 캐슈너트 묘목을 심었대요. 계약을 마치고 돌아가면 캐슈너트 농장을 운영할 거래요.

"캐슈너트 농장?"

"지금은 밭이 작아. 돈 버는 대로 조금씩 넓히려고."

눈이 동그래진 나에게 언니는 어린 캐슈너트 나무가 가득 심긴 너른 밭을 보여줬어요. 3년 뒤에는 캐슈너트를 수확할 수 있대요. 폰 언니가 부러웠어요. 나도 뭔가 도전해보고 싶다는 생각이 불끈 솟았어요. 보파도 캐슈너트에 홀려 대화에 끼어들었어요. 보파는 열아홉 살에 한국에 왔어요. 이렇게 먼 나라까지 오기 무섭지 않았느냐고 묻자 이렇게 대답하더라고요.

"나처럼 가난한 애가 용감하기라도 해야죠. 겁나고 무서운 거 다 따지면 가족을 도울 수 없잖아요."

이렇게 당차고 열심히 사는 아이한테 밀양 사장님은 깻잎 더 따라고 얼마나 모진 소리를 해댔는지 몰라요.

호랑이 굴에서 나와도 또 다른 호랑이 굴

❋

보파와 나는 김 선생님과 함께 양산노동지청에 2차 출석을 했어요. 사장님 대신 사위라는 사람이 나왔는데 또 거짓말을 해요. 밥도 쫓기듯 먹고 화장실도 못 갈 지경으로 깻잎 더 따라고 쪼아대더니, 우리에게 쉬는 시간을 충분히 줬으니 그 시간은 빼고 계산해야 한대요. 다 억지죠 뭐. 노동청은 일한 시간에 대한 의견이 달라서 더 조사해야 우리가 못 받은 임금이 얼마인지 결정할 수 있다고 했어요. 노동청이 체불임금액을 정한 뒤에도 사장님이 끝까지 돈을 안 주면, 노동청에서 '체불임금확인원'을 받아 민사소송을 해야 한다고 김 선생님이 설명해줬어요. 만약에 사장님에게 재산이 없으면 우리가 민사소송에서 이긴다 해도 한 푼도 못 받게 될 수도 있대요. 돈을 정말 받을 수 있기는 한 건지, 언제쯤 받을 수 있을지, 못 받으면 소송을 할 수 있을지, 소송한다고 정말 받게 될지, 모든 것이 다 막막해요. 한숨만 나와요.

좀 더 빨리 농장을 떠났더라면 어땠을까, 못 받은 돈이 이렇게까지 많아지지 않았겠지. 어떻게든 사장님에게 100만 원을 주고 놓여날 것을 그랬어. 만약 견디지 못하고 농장을 뛰쳐나왔으면 어땠을까. 순식간에 비자 없는 사람이 되어 매일매일 쫓기는 마음으로 살고 있겠지. 아니 그런데, 잘못은 사장님이 했는데 왜 내가 쫓겨야 하는 거죠?

　다른 일자리를 찾는 것도 큰 문제예요. 고용센터에 구직 등록을 하고 석 달 내에 직장을 구해야 하는데, 겨울이 오고 있잖아요. 농장들이 겨울이 되면 있는 노동자도 내보내는데, 일을 어떻게 구할 수 있을까요. 또 다른 농장이라 해서 크게 다르지도 않다고 해요. 농장 사장님들이 임금을 덜 주려고 하나같이 일한 시간을 속인대요. 호랑이 굴에서 도망 나왔지만, 또 들어갈 곳은 다른 호랑이 굴뿐이라고, 김 선생님이 마음 아파했어요.

　슬픈 마음을 다독이려고 '한국에서 일을 마친 뒤 무엇을 하며 살까' 하는 즐거운 상상을 해봤어요. 폰 언니처럼 농장을 해볼까, 땅을 사려면 돈이 많이 필요하겠지. 손바닥만 한 엄마 고구마 밭은 캐슈너트 나무 열 그루나 심을 수 있을까, 쯧쯧 너무 작아. 요즘 캄보디아에 카페가 많아지고 있으니 나도 카페를 해볼까? 건물에 자리를 얻어 카페를 내기에는 돈이 부족하겠지? 우리말로 똡카페라고 부르는 부스 형태의 카페가 어떨까?

　폰 언니에게 상의하니, 좋은 생각이라고 응원해줬어요. 그러고 보니 카페 천국이라 하는 한국에 있으면서도 그 흔한 데를 한 번도 안 가봤네요. 나는 큰맘 먹고 폰 언니와 함께 카페에 들어갔어요. 메뉴를 보고 한참 고민했어요. 무슨 커피와 차 종류가 그렇게 많은지 마실 것을 고르기가 힘들었어요. 주인 눈치를 살피며 메뉴판을 샅샅이 훑다가 아는 것을 하나 찾아냈어요. 자몽 있다, 자몽! 한국 사람들은 주로 커피를 많이 마시나 봐요. 우리 캄보디아 사람들은 차를 좋아하죠. 직접 카페에 와보니 나도 카페를 열어보고 싶다는 생각이 강해졌어요. 이런 걸 '꿈'이라고 하나요? 그래, 깻잎 딴 돈 받아내서 그 돈으로 나도 카페 열어보자, 내 꿈은 내가 지켜야지! 나는 따뜻한 찻잔을 손바닥으로 감싸며 비장하게 다짐했어요.

농·축·어업 노동자와 근로기준법

근로기준법은 '헌법에 따라 근로조건의 기준을 정해서 근로자의 기본적 생활을 보장하고 향상시키며, 국민경제가 균형 있게 발전'하도록 만든 법입니다. 취업해서 노동자가 되었을 때, 회사를 차려 노동자를 고용할 때 반드시 알고 지켜야 하는 법이죠.

근로기준법은 노동자를 보호하기 위해 근무시간, 휴게시간, 휴일에 대해서 다음과 같이 정하고 있어요.

1. 1주일간 근무시간은 휴게시간을 제외하고 40시간을 초과할 수 없다. 하루 근무시간은 휴게시간을 제외하고 8시간을 초과할 수 없다.

2. 사용자와 노동자가 합의하면 1주일간 12시간까지 근로시간을 연장할 수 있다.

3. 근로시간이 4시간인 경우에는 30분 이상, 8시간인 경우에는 1시간 이상 휴게시간을 근로시간 도중에 주어야 한다. 휴게시간은 노동자가 자유롭게 이용할 수 있다.

4. 노동자에게 주 1회 이상 유급휴일을 보장해야 한다.

5. 연장근로시간에 대하여 임금의 50% 이상을 추가 지급해야 한다.

6. 야간(밤 10시~다음 날 아침 6시)근로에 대하여 임금의 50% 이상을 추가 지급해야 한다.

(제50조, 53조, 54조, 55조, 56조)

그러나 근로기준법 63조를 보면

- 토지경작, 식물재배와 채취, 동물사육, 수산물 채취와 포획 등의 업무를 하는 노동자

- 건물 경비와 같은 감시적 노동자

- 보일러 기사처럼 노동과 대기가 반복되는 단속적 노동자

이 노동자들에게는 앞서 소개한 근로시간, 휴게시간, 휴일 규정 적용을 제외한다는 내용이 담겨 있어요.

이 때문에 고용허가제로 들어와 농·축·어업 분야에서 일하는 이주노동자는 하루 열두 시간 이상 일을 시켜도, 점심시간을 30분만 줘도, 한 달에 한 번만 쉬게 해도 항의하지 못해요. 연장 근무와 야간 근무에 대해 추가 임금을 받지 못하죠. 경비원, 보일러 기사로 일하는 내국인 노동자도 마찬가지예요. 농·축·어업 분야 노동자는 거의 다 이주노동자이기 때문에, 이 제외 조항은 곧 인종차별에 해당한다는 비판이 있어요. 유엔 인종차별철폐위원회도 이 문제를 지적하고 시정을 권고했죠. 한국 정부는 이를 받아들여 근로기준법을 개정하고, 관리·감독을 엄격히 하여 고용주가 법을 잘 지키도록 계도해야 마땅해요.
영세한 농장주, 작은 고깃배 선주에게 법이 정한 만큼 제대로 인건비를 지급하라고 하면 감당하지 못할 것이라는 걱정도 있어요. 그렇다면 나라의 먹거리를 책임지는 농·축·어업 분야에 노동력과 예산을 지원하여 생산을 돕는 방법도 있겠죠. 지자체가 책임지고 공공 노동력을 확보해서 각 사업장에 필요할 때 필요한

인원만큼 제공하자는 논의도 최근 벌어지고 있고, 이주노동자의
숙소를 각 사업장이 아니라 공공에서 마련하자는 제안과 실천
도 진행되고 있어요. 영세한 사용자를 위해 더 가진 것 없는 노
동자에게 양보하라 강요하는 것 말고도 더 나은 방법이 분명히
있어요.

이주노동자가
웬 헌법 소원이냐고요?

이주노동자노동조합 위원장 우다야 라이

우다야 라이 위원장이 속한 '이주노동자노동조합'을 비롯한
58개 이주인권단체와 52명의 변호사 대리인단은 다섯 명의 이주노동자를
지원하여 2020년 3월 헌법재판소에 헌법 소원을 청구했다.
이주노동자의 사업장 변경을 허용하지 않고 있는 고용허가제가
위헌임을 밝혀 개선해보고자 한 것이다.

고용허가제 악용하는 회사들

✳

어떻게 외국에 와서 노조 활동을 하고 더구나 위원장까지
하고 있느냐는 질문을 가끔 받아요. 글쎄요, 차별받은 경험이 나
를 이 길로 이끌었다고 할까요. 어린 시절에는 평범한 학생이었는
데 한국에 와서 저항하고 싸우는 사람이 됐어요. 직장과 거리에서
받은 멸시와 차별이 견디기 힘들 정도였어요. 한국은 우리를 사람
으로 생각하지 않는구나, 슬프고 답답한 속을 친구들과 나눈 적도
많아요. 그러다 결심했죠. 밟히고 있을 수만은 없잖아, 다 바꾸기

는 힘들겠지만 그래도 목소리를 내자! 당시 막 시작하던 이주노동자노동조합을 찾아가서 조합원이 됐어요. 나보다 앞서 위원장을 했던 이들은 강제 추방당하거나 출국했다가 재입국을 거부당했어요. 한국 정부가 우리 활동을 막기 위해 콕 찍어 강제 추방하거나 다시 못 들어오게 한 것입니다. 그런 탄압 속에서도 이주노조는 2005년 노동조합 설립 신고를 했어요. 하지만 미등록노동자(유효한 체류 자격이 없는 노동자)는 노동 삼권의 주체가 아니라는 이유로 반려됐어요. 결국 대법원에서 '취업 자격이 없는 외국인도 노조법에서 규정하는 근로자의 범위에 포함되므로 자유롭게 노조 결성 및 가입을 할 수 있다'는 판결을 받아내서 노동조합 설립 필증을 받았습니다. 법외노조에서 합법적인 노조가 되기까지 10년 4개월이나 걸렸어요.

우리는 조합원들을 교육하고 조직하며 노동문제를 지원합니다. 조합원 중에 고용허가제 노동자가 많아요. 대부분 힘들게 견디고 있어서 참 안타깝습니다. 간혹 노조에 항의하기도 해요. 노조가 그런 것도 못 해? 노조가 왜 아무것도 안 해주는 거야! 하지만 고용허가제라는 제도가 노동자의 권리를 제한하는 내용을 많이 담고 있어서 아무리 개별 사례를 가지고 싸워도 소용이 없어요. 조합원들에게 이야기합니다. 그래서 더 단결해야 한다고, 더 싸워야 한다고, 그래야 권리를 얻을 수 있다고.

고용허가제의 가장 큰 문제는 노동자가 회사를 옮기지 못하게 제한하고 있는 겁니다. 고용주가 계약을 해지해줘야만 노동자가 회사를 떠나 다른 회사를 찾을 수 있다니, 말도 안 되죠. 이를 악용해서 풀어줄 테니 100만 원 가져와라, 200만 원 가져와라 하는 사장도 많습니다. 돈을 갈취한 사례는 수도 없이 많아요.

이주노동자와 직접 관련이 없는 분들이 이런 상황을 다 알기는 어렵지요. 이해하는 데 도움이 되기를 바라며 '고용허가제 이주노동자 강제노동 피해 증언대회'를 통해 발표했던 사례를 몇 가지 들어볼게요. 기막힌 이야기에 너무 놀라지 마세요.

ㄱ이 일하던 가죽공장에서 폭발 사고가 발생해서 동료 중 두 명이 사망하고 여덟 명이 크게 다쳤어요. 기적처럼 생존한 ㄱ은 동료가 죽어 나간 현장에서 먹고 자며 일해야 하니 고통이 말도 못 했어요. 외상후스트레스장애와 화학약품으로 인한 종양을 치료받으며 죽음과 같은 노동을 견뎠죠. ㄱ은 회사를 옮기게 해달라고 사장에게 애원했지만 거절당했어요.

채소 재배 농장에서 6년 일한 ㄴ은 주로 농약 살포 일을 맡았어요. 농약이 너무 독해서 견딜 수 없어서 그만두게 해달라고 부탁했지만 농장 주인은 욕하고 협박했어요. 워낙 소처럼 일하는 사람이라 그런지 악착같이 붙잡았더군요. ㄴ은 매일 걱정했어요. 농약

중독으로 사지가 마비되면 어쩌나, 불임이 되면 어쩌나, 갑자기 죽으면 어쩌나. 아니나 다를까, 병원에서 검사를 받아보니 무정자증이라고 합니다. 고용허가제가 ㄴ을 불임으로 만든 겁니다.

용접 일을 하는 ㄷ은 용접가스 때문에 만성비염이 생겼어요. 비염이 심해져 호흡이 어려울 지경이 되자 사장에게 회사를 그만두게 해달라고 요청했어요. 사장은 1년만 채우라고 하더니, 막상 1년이 되니 3년 계약을 다 채우라고 협박했어요. 3년을 채워 열심히 일하겠다는 서약서를 내밀며 서명하라고 요구했어요. ㄷ이 거절하니까 깡패 시켜 죽이겠다, 묻어버리겠다고 위협했죠. 코로나 환자로 몰아 창고에 가두기도 했어요. ㄷ이 경찰에 도와달라고 신고했지만 경찰은 사장님의 거짓말을 더 믿었습니다. ㄷ은 욕설과 폭행, 감금, 협박 등 상상도 못 할 많은 일을 겪으며 고용노동부에 사업장 변경을 요청했지만 계속 외면당했습니다.

'노예 노동' 현실을 바꿔야

※

왜 기막힌다는 말로 시작했는지 이제 이해가 되시는지요? 이런 사례는 빙산의 일각입니다. 개인적으로 제일 마음 아픈 일은, 일 때문에 건강이 나빠지는데 입증하기 어려운 사례가 너무 많다는 겁니다. 고용허가제 노동자의 의사는 사장님입니다. 사장님이 아프다고 인정해주면 아픈 거고, 인정을 안 해주면 안 아픈 거예요. 병원 진단서 같은 것은 아무 소용이 없어요. 용접 노동자가 질 나쁜 보안경을 쓰고 계속 일을 하니 눈이 아프고 잘 안 보인대요. 사장은 거짓말하지 마라, 월급 많이 주는 회사로 가려고 수 쓰는 거지, 병원 가봤자 소용없어,라고 합니다. 이 노동자는 실명하게 될까 봐 걱정이 태산입니다.

고추 농장에서 일하는 노동자가 고추꽃·농약 알레르기로 고통받았어요. 사장님은 엄살떨지 마라, 참으면 괜찮아진다 하면서 의사 노릇을 해요. 노동자는 몸이 붓고 가렵고 아파 죽을 지경이죠. 사고는 눈에 보이니까 차라리 나을지도 몰라요. 서서히 깊어지는 고통, 입증하기 어렵고 사장이 인정하지 않는 직업병, 회사를 그만두고 싶어도 그만둘 수 없는 고통을 이주노동자들은 외롭게 견디고 있어요. 요즘 이주노동자의 자살이 늘어나는 것도 이런 환경이 작용한 거라고 생각합니다. 한편에서는 자살 예방 교육이나 심리치료를 유일한 해법인 듯 내놓던데, 동의하기 어려워요. 절망스러운 환경을 그냥 둔 채 교육하고 심리치료 한다고 자살 문제가 해결되겠느낸 말입니다. 이런 상황을 살피다 보면 깊은 의문이 생깁니다. 한국이 고용허가제를 3년짜리 단기순환제로 운영하는 것이 실은 유해 환경 속에서 장시간, 고강도 노동을 시킨 뒤에 직업

병이 채 드러나기 전에 내쫓으려는 작전은 아닐까 하는, 나름 합리적인 의문 말입니다.

외국인 또한 기본권의 주체
✳

일부 한국인들은 말합니다. 그걸 알고 계약하고 온 거 아니냐고, 직접 서명한 것이니 지켜야 하는 거 아니냐고. 아, 그렇지 않아요. 한국어 시험에 붙고 한국에 가기만 기다리고 있는 이주노동자는 이것저것 따져가면서 선택할 수 없어요. 회사에 대한 정확한 정보 같은 것은 전혀 없는 상황에서 그냥 서명을 해야 합니다. 왜냐고요? 서명 안 하면 아예 못 오니까요. 애초에 공정하지 않은 계약을 제대로 알지도 못한 상태에서 한 것이니 이주노동자에게 무조건 지키라고 강요해서는 곤란합니다. 이주노동자들은 좋은 것을 꿈꾸며 한국에 옵니다. 한국이 자기를 이렇게 궁지에 몰아넣을 거라고는 상상도 하지 못하고 말입니다.

우리는 헌법 소원을 준비했습니다. 헌법상의 권리는 국민만 누릴 수 있는 것 아니냐고요? 그렇지 않습니다. 여러 국제법이 국적과 관계없이 인간이라면 누구나 누려야 하는 인권 항목을 정하고 있고, 한국의 헌법재판소도 이미 여러 차례 외국인 또한 기본권의 주체라는 점을 확인했습니다.

　이주노동자는 일회용품이 아닙니다. 젊은 사람 데려와서 최대한 착취하고 버리고 또 새로운 사람 데려오는 일을 반복해서는 안 됩니다. 이주노동자가 장기적으로 일하며 한국에도 기여하고 자기 미래도 계획할 수 있도록 해야 해요. 가족 동반과 영주도 허용해야죠. 이번 헌법 소원은 고용허가제의 사업장 변경 불허가 위헌이라는 것을 밝히는 데 초점을 두고 있지만, 우리는 더 근본적인 것을 이야기하고 싶습니다

　　'고용주에게 고용허가'가 아니라 '이주노동자에게 노동허가'를 해줘야 한다고 우리는 생각합니다. 이주노동자가 너무 무리한 것을 원한다고 생각하시나요? 전혀 그렇지 않습니다. 고용허가제의 특례 적용을 받는 동포노동자 18만 명은 이미 그런 제도 속에서 일하고 있거든요. 'H-2'_{외국국적동포 고용허가제 특례고용} 비자를 가진 동포노동자들은 한국에 입국해서 취업 교육을 받은 후 고용센터에 구직 신청을 하고 '특례고용 가능 확인서'를 받은 회사 중에 골라서 취업할 수 있습니다. 일 시작하고 14일 이내에 정부에 취업 신고를 하면 취업 절차가 마무리됩니다. 회사를 그만두고 다른 회사로 옮기는 것도 얼마든지 가능합니다. 이 같은 방식을 'E-9' 비자를 가진 24만 명에게도 적용하자는 것이니 무리한 일이라 할 수 없습니다. 이주노동자 24만 명을 족쇄로 묶어두고 일

을 시켜 얻는 부끄러운 이익보다, 평등하고 정의로운 사회를 추구해서 얻는 공정한 이익이 더 클 것이라고 우리 이주노조는 주장합니다.

헌법 소원 내용과 결과가 궁금해요!

고용허가제는 부족한 노동력을 해결하기 위해 정부가 외국에서 인력을 모집해 국내 중소업체에 소개하는 제도예요. 한국 정부가 송출국 정부와 계약을 체결하고 제도를 운용하니까 인력 모집과 선발, 계약과 이동, 노동 과정, 비용이 모두 공정할 것이라는 기대가 있어요. 그러나 고용허가제 노동자가 노동 과정에서 제대로 권리를 보장받느냐 하는 측면에서 부족한 점이 많아요. 특히 노동자가 회사를 옮길 수 없다는 원칙을 정해놓고, 사용자가 근로계약을 해지하거나 회사가 휴업·폐업하는 경우 등 특별한 사유가 발생할 경우에만 이직을 허용하는 것이 대표적인 문제죠. 노동자를 회사에 묶어두니 강제노동을 하게 될 위험이 커요. 이주노동자 인권을 위해 활동하는 그룹은 이런 내용이 헌법을 위배한다고 보고 2007년과 2020년 두 차례 위헌소송을 청구했어요. 고용허가제법이 헌법 제10조(인간의 존엄과 가치, 행복추구권), 제11조(평등권), 제12조 제1항(신체의 자유), 제15조(직업선택의 자유), 제32조(근로의 권리)를 위반하여 고용허가제 노동자의 권리를 침해하고 있는지 살펴달라는 것이었어요. 이에 대해 헌법재판소는 두 차례 다 합헌 결정을 내렸어요. 두 번째 소송에 대해 2021년 12월 23일 선고한 내용을 중심으로 자세히 살펴볼게요.

헌법재판소는 재판관 7 대 2의 의견으로 청구를 기각했어요. 재판관 일곱 명은 고용허가제의 취지가 '사용자가 안정적으로 인력을 확보하도록 돕고 내국인의 고용을 보호하는 것'이므로, 그 근간이 흔들릴 만큼 이주노동자의 권리를 인정하는 것은 곤란하다고 합니다. 외국인의 직장 선택의 자유를 제한하는 것이 사용자가 안정적으로 인력을 확보하도록 돕기 위한 것이므로 정당하고, 또 더 나은 근무 환경과 임금이 있는 직장에 외국인이 접근하지 못하게 하여 내국인의 고용을 보호하는 것이므로 외국인의 기본권을 침해하는 것이 아니라는 것이죠. 내국인의 이익을 위해 외국인은 희생시켜도 된다는 인식이 깊이 깔려 있는 판결입니다. 이 판결에서 두 명의 재판관은, 고용허가제가 명백히 불합리하고 노동자의 직장 선택의 자유를 침해한다는 반대 의견을 냈어요.

이주노동자를 차별해서 이익을 얻으려는 대한민국, 정말 정당한가요?

3장

함께
살다

방이 없나요,
모깃소리로 물어봤다

출생 등록을 하지 못한 정우와 현우

아이들이 태어났다.
그러나 그 존재를 증명할 수 없는 '있지만 없는 아이들'이다.
인천 부평에서 식당을 운영하는 미얀마인 부부 윈라이와 수수는
그 아이들 생각에 마음이 무겁다.

아이들 아빠를 찾습니다!

✱

지난 12월 중순이었어요. 처음엔 그냥 밥 먹으러 온 손님인 줄 알았어요. 엄마 혼자 아기 둘을 데리고 왔으니 좀 이상하긴 했죠. 미얀마 사람은 아니고, 한국 사람도 분명 아니고, 어느 나라 사람이기에 미얀마 밥을 다 먹으러 왔을까, 궁금함을 누르며 밥을 차려줬어요. 엄마가 아기들 때문에 제대로 먹을 수 없을 것 같아 우리 부부가 아이들을 안았어요. 나는 두 살도 안 돼 보이는 큰애를 안고 밥을 먹이고, 수수는 5~6개월이나 되었을까 싶은 작은애

에게 우유병을 물렸어요. 엄마는 고맙다고 눈인사를 하더니 아무 말 없이 밥을 먹어요. 그런데 이 엄마가 밥을 다 먹고도 일어나질 않는 거예요. 머뭇머뭇… 왜 그러지, 돈이 없나?

아기 엄마는 한참이나 말없이 앉아 있어요. 결국 못 참고 물어봤죠, 혹시 무슨 일 있느냐고. 그다음 이야기는 좀 부끄럽네요. 그래도 용기를 내서 말할게요. 아기 아빠가 미얀마 사람이래요. 이런, 우리나라 사람이네! 아기 엄마는 인도네시아 사람이었어요.

우리는 한국어, 영어를 섞어가며 아는 단어를 총동원해서 이야기를 나눴어요. 아기 엄마 이름은 파니, 3년 전에 한국에 와서 한 공장에서 일하던 아이들 아빠 쏘우를 만났대요. 의지도 되고 좋아서 기숙사에 같이 살며 큰아이 정우를 낳았고, 곧 둘째가 생기자 기숙사를 나와 고시원으로 옮겼대요. 고시원에 살면서부터 어쩐 일인지 남편이 일을 안 하더래요. 자기가 임신 7개월까지 일해서 간신히 먹고살았다는군요. 둘째 낳기 얼마 전, 쏘우는 일을 찾겠다고 나가더니 돌아오지 않았대요. 파니는 죽음 같은 시간을 보냈대요. 두려움 속에 산통이 시작되고 고시원 총무가 병원에 데려가고 거기서 둘째 현우를 낳아 다시 고시원으로 돌아왔다는 이야기는 듣기에도 너무 고통스러웠어요. 파니는 부평에 미얀마 사람이 많이 모인다는 것을 알고 남편을 찾으러 온 것이었어요.

이 뻔뻔하고 한심한 놈을 그냥! 내가 찾아야지! 파니는 남편

에 대해서 아는 게 별로 없었어요. 겨우 이름과 핸드폰에 든 사진
몇 장. 나는 그걸 단서로 조사에 들어갔어요. 이름 철자를 바꿔가
며 페이스북을 샅샅이 뒤졌어요. 사진과 대조하며 후보를 몇 찾아
서 파니에게 보여주니 한 사람을 짚더군요. 요놈이군! 27세, 멀쩡
하게 생긴 녀석입니다. 이제부터는 끈기가 좀 필요하죠. 연락 달
라고, 메신저로 글을 남기니 대답이 없어요. 다음 단계는 좀 더 세
게! 미얀마 사람들이 많이 모여 있는 페이스북 페이지에 사진과
글을 올렸어요. 이런저런 일로 아이들 아빠를 찾습니다! 한참 기

다리니 입질이 옵니다. 먼 지역에서 일하고 있대서 주말에 오라고
했죠.

그때 식당에 있던 사람들은 다 이 사건을 알게 됐어요. 우리 직
원은 슬쩍 나가 기저귀와 분유를 사 오고, 손님들은 힘내라며 돈
을 건네줬어요. 다들 미안했던가 봐요.

"그놈이 주말에 몇 시쯤 올까요?"

젊은 손님들이 내게 물었어요.

"왜요?"

"그놈을 때려주게요!"

"아니, 사람을 막 때리고 그러면 안 돼요."

"처음부터 때릴 건 아니고요, 얘기 들어보다가 정말 아니다 싶
으면 그때 때려주려고요."

"그러다 큰일 나요, 아무리 미워도 때리지는 말아야지. 하하."

청년들은 배시시 웃었어요.

파니에게 어디서 지내느냐고 물었더니 서울 어디에 있는 쉼터
래요. 여기는 방이 없나요? 모깃소리로 물어봐요. 방…. 나도 한때
방 한 칸 없이 떠돌며 지낸 날이 있던지라 그 말에 가슴이 찌르르
아팠어요. 의지할 곳 없어 보이는 세 식구를 다시 멀리 보내자니
그것도 마음에 걸렸어요. 수수도 그랬는지 여관방이라도 잡아주
자고 합니다. 우리 식당 뒤에 작은 숙박업소가 많거든요. 쉼터에

는 나중에 짐 가지러 가겠다고 연락했어요. 수수는 밥 때가 되면 파니와 아이들을 데려와 밥을 챙겨 먹였어요.

연년생 형제 정우와 현우는 말도 못 하게 예쁜 짓을 했어요. 정우는 나만 보면 쪼르르 달려와 안겼어요. 무릎에 앉히고 밥을 먹이면 그렇게 잘 먹을 수가 없어요. 현우는 도통 우는 일이 없어요. 자다 깨서도 방글거리고, 이 사람 저 사람 품에 안겨도 낯가림을 안 했어요. 아이들이 예쁠수록 마음은 더 답답해졌어요. 이렇게 사랑스러운 아이들을 어찌해야 하나.

드디어 놈이 나타났어요

❋

며칠 지나 드디어 놈이 나타났어요. 하는 말마다 핑계고 거짓말입니다. 일자리 찾아다니느라 연락을 못 했다는 둥, 전화가 끊겨 연락을 못 했다는 둥. 나는 당장 유심칩을 사다 끼워줬어요. 또 연락 끊으면 정말 혼난다, 파니와 헤어지더라도 아이들은 네 아이고 양육비는 네가 책임져야 하는 거다. 겁도 좀 줬지만 이놈은 끝내 건성입니다. 청년들에게 폭행은 안 된다고 점잖게 타일러 놓고 정작 나는 여러 번 주먹을 쥐었다 폈다 했어요. 짐승도 제 새끼 지키려고 애쓰는데 어떻게 인간이란 놈이 이러나 싶었어요. 아이 둘을 혼자 돌보는 게 어떤 건지 직접 느껴보라며 그날 밤 아이들과 자게 했어요. 파니는 우리 집으로 데려왔죠. 다음 날 아침, 앞으로 잘하겠다고 싹싹 빌고 간 녀석은 며칠 지나자 다시 연락을 끊어버렸어요. 그사이 나는 녀석의 고향 집과 한국에 와 있는 고향 사람들을 알아냈어요. 이제 녀석이 어디로 튀어도 찾아낼 수 있겠죠. 하지만 아이들을 책임지도록 강제할 방법은 도무지 모르겠어요.

파니는 여권이 없고, 아이들은 출산한 병원에서 받아뒀어야 하는 출생증명서가 없었어요. 출생증명서는 아기들이 태어났음을 증명할 수 있는 유일한 서류죠. 어느 나라 정부에든 출생 등록을 하려면 꼭 필요해요. 파니는 아기수첩만 꺼내놨어요. 병원에서 출생증명서를 받으려면 엄마 신분증이 있어야 하니 여권을 먼저 찾아야겠네요. 여권은 전에 쏘우가 들고 나간 뒤로 돌려받지 못했대요. 어떤 가게에 있다는 말을 들었다고 파니가 말했어요. 어떤 가게? 여권을 그냥 맡길 리는 없으니 돈을 빌렸나? 그럼 미얀마 가게겠네, 아마 부평일 거고. 가능성 있는 가게 몇 군데에 수소문하니 여권이 툭 튀어나옵니다. 가게 주인이 말하기를, 그놈이 처음에는 자기 여권을 맡겼다가 나중에 파니 것으로 바꿔치기했답니다. 가게 주인을 설득해서 여권을 돌려받았어요. 놈이 빌렸다는 85만 원은 나중에 받아주겠다고 약속했어요. 흐억, 약속을 꼭 지켜야 할 텐데요!

여권을 들고 아기수첩에 적힌 병원을 찾아갔어요. 안양에 가서
정우 출생증명서를 받은 후 현우 출생증명서를 받기 위해 안산으
로 가니 병원비를 안 내서 줄 수 없다고 해요. 고시원 총무가 몇 달
에 걸쳐 조금씩 갚아줬다지만 그래도 꽤 큰 돈이 미납금으로 남아
있대요. 사정사정했지만 원무과 직원은 자기 사정도 좀 봐달라고
오히려 하소연해요. 내친김에 고시원에도 들렀어요. 정우, 현우가
왔다는 소리에 방방마다 문이 열리고 아저씨들이 나와서 반가워
합니다. 이분들 온정으로 파니가 살았구나 싶었어요. 파니는 고시
원 방값이 여러 달 치 밀리자 울면서 나왔다고 해요. 총무가 도우
려고 애썼지만 자기 힘이 거기까지밖에 안 됐다고 미안해했어요.
한 아저씨는 아픈 아이를 병원에도 못 데려가고 그저 끌어안고만
있던 파니를 안타깝게 지켜봤던 이야기를 했어요. 엄마와 아이들
이 지냈다는 방을 열어보니 창문도 없는 작디작은 방입니다. 정우
가 고시원 복도를 기어 다니고 그 벽을 잡고 걸음마를 배웠을 것
을 생각하니 목이 메었어요. 우는 일이 거의 없는 현우가 그때 갑
자기 큰 소리로 울어댔어요. 내 마음이 그래선지 몰라도 현우 울
음소리가 그렇게 서러웠어요.

파니는 혼자서 이 궁리 저 궁리 많이 했나 봅니다. 아픈 어머니
병원비 마련해보겠다고 한국에 왔다가 졸지에 아이가 둘이나 생

겼으니 스스로도 얼마나 황당했겠어요. 이미 엄마 껌딱지인 정우를 떼어 보낼 수는 없으니, 아직 아무것도 모르는 현우를 쏘우 고향으로 보내 어른들에게 키워달라고 부탁해야겠다, 정우 하나면 어떻게든 해볼 수 있을 거야, 어린이집에 보내고 일하면 어머니 병원비를 해결하고 돈도 조금은 모을 수 있겠지, 고향으로 돌아간 뒤 미얀마에 가서 현우를 찾아와야지, 이게 파니 계획입니다.

미얀마 대사관은 아이를 보내려면 쏘우를 아빠로 해서 출생 등록을 하고 무조건 쏘우가 데리고 나가야 한다고 말했어요. 저 뺀질이가 자진해서 아이를 데리고 갈 리 없으니 첫 단계부터 꽉 막히네요. 파니가 한국에서 아이들을 데리고 살 경우를 생각해봤어요. 두 아이를 어린이집에 보내자면 원비만 80~90만 원 들겠죠. 돈 벌어 원비 내면 끝이니, 몸이 깨져라 일을 해도 어머니 병원비는커녕 자기 생계도 잇기 어렵겠어요. 같이 앉아 이런 계산을 하자니 파니는 겁을 먹고 어깨를 잔뜩 움츠립니다. 급기야 아이들을 보육원에 맡기는 상상을 하고 눈물을 한 바가지 쏟고 말았어요.

이 가족을 계속 여관에서 지내게 할 수는 없어서 가까이에 쉼터를 알아봤어요. 한 쉼터에서 빈방은 없지만 그래도 같이 지내보자고 받아주어서 그리 들어갔어요. 거기서 좋은 분들을 만난 덕에 파니는 용기와 위로를 좀 얻은 듯 보입니다. 파니는 내가 중고시장에서 사준 2인용 유모차에 아이들을 태우고 식당에 옵니다. 주변 미얀마 사람들은 그놈이 마음잡고 아이들 키우며 살겠다면 같이 돈을 마련해서 방을 얻어주고 일자리도 찾아주자고 해요. 하지만 의지 없는 놈을 강제로 붙들어놓을 수 없으니 속만 탑니다. 엄마와 아이들이 서로 헤어지지 않고도 자립해서 먹고살 방법을 찾아야 할 텐데요. 정말 막막합니다.

출생 등록 보장은 아동 보호의 시작

파니와 쏘우는 허가받은 체류 기간을 넘긴 미등록 이주민입니다. 혼인신고를 하지 않은 상태이고 서로 국적이 다르죠. 게다가 쏘우는 남편이나 아빠로서 역할을 할 가능성이 없어 보여요. 이런 복잡한 사정 때문에 아이들은 아직 어느 나라에도 출생 등록을 하지 못했어요. 비자 없는 부모에게서 태어나고 출생 등록조차 못 해 서류상으로는 없는 아이들이지만, 아이들은 분명 존재하며 따뜻한 숨을 쉬고 있어요. 특별한 상황 변화가 없는 한 앞으로도 아이들은 서류에 이름을 올리지 못할 것으로 보입니다.
유엔아동권리협약 제7조는 '아동은 출생 후 즉시 등록되어야 하며, 이름과 국적을 가져야 하며, 가능한 한 부모가 누구인지 알고 부모에 의해 양육받아야 한다'고 말하고 있어요. 특히 '국적 없는 아동은 보다 특별한 보장을 해야 한다'고 강조하고 있고요. 아동이 사회의 보호 속에 성장하려면 무엇보다 먼저 공식적으로 등록되어야 하죠.

아동이 여기서 태어났으니 아동을 보호할 일차적 책임은 대한민국에 있어요. 인권단체들은 오래전부터 한국 정부가 미등록 이주민의 자녀를 포함한 모든 아동의 출생을 등록하여 그 존재를 인정하고 권리를 보장해야 한다고 말해왔어요. 한국 정부가 출생 등록을 받는다고 해서 꼭 국적을 부여해야 하는 것은 아니니 일단 그 부담은 안 가져도 좋겠어요. 아동의 출생 기록과 이름, 부모에 대한 정보를 등록하고, 아동이 건강하게 자라도록 보육을 지원하고, 아플 때 적절하게 치료받을 수 있도록 하는 것부터 시작하면 어떨까요. 여덟 살을 맞은 아동에게 취학통지서를 보내 교육받을 권리를 적극적으로 보장한다면 또 얼마나 멋질까요!

오랫동안 외면하던 정부가 얼마 전 외국인아동 출생등록제를 마련하겠다고 발표했어요. 이 제도가 도입되면 유기, 학대, 불법입양, 인신매매와 같은 범죄로부터 아동을 보호할 수 있고, 필수예방접종, 의무교육 등 인권보호를 위한 정책의 기초 자료로 삼을 수 있을 거라면서요. 대한민국 정부가 이 약속을 어서 지켰으면 좋겠어요. 물론 미등록 이주 아동도 반드시 포함해야 하고요.

딸에게 '독도는 한국 땅'
야무지게 말하라고 가르쳤다

혐오에 대응하는 일본 출신 사토미

일본 출신 사토미는 한국인 남편,
고등학생인 딸 인화와 함께 한국에 살고 있다.
무거운 한일관계 때문에 늘 긴장하며 살아온 이 가족에게,
근래 이어지고 있는 일제 강제징용 관련 대법원 판결과 일본의 수출규제,
코로나19로 인한 두 나라의 입국제한 조치,
독도 영유권을 주장하는 일본 교과서 사건 등은 말할 수 없이 괴로운 일이다.
이 가족이 감당하고 있는 경계인의 삶은 살얼음 그 자체다.

일본 국적 유지한 사연

❋

국적을 바꿨지만, 한국에서는 아무도 저를 한국 사람으로 보지 않아요. 일본에 가면 또 그러죠. 당신 국적 바꿨잖아. 그러니 어디에도 속하지 못해요. 두 나라 사이의 경계선을 밟고 어정쩡하게 서 있는 느낌이죠. 하지만 두 나라 다 저한테 소중해서, 한국 뉴스에서 일본에 대한 나쁜 이야기가 나오면 안절부절, 일본에 가서 한국에 대한 나쁜 이야기를 들으면 또 안절부절, 그러고 살아요.

2019년에 한국 국적을 갖게 됐어요. 한국에 산 지 20년 만이죠.

국적이란 것이 개인에게 굉장히 중요한 정체성인지라 바꾸는 것이 그리 쉬운 일이 아니더라고요. 흔히들 외국인에게 '한국인 되고 싶어서 한국에 왔느냐, 한국 사람 다 됐다' 하는 말을 하는데요, 그거 국적 바꿔본 사람이면 쉽게 하지 못할 말이에요. 귀화 과정에서 원 국적을 '포기'해야 하는데, 나고 자란 나라를 '포기'한다는 것이 얼마나 아픈 일인지 겪어보니 비로소 알겠더라고요.

제가 일본 국적을 유지했던 가장 큰 이유는 친정어머니 때문이었어요. 어머니가 일본에 살아 계신데 어떻게 내가 국적을 바꾸나 싶었어요. 결혼해서 한국에 올 때도 어머니가 마음에 가장 걸렸어요. 어려서 아버지가 돌아가시고 어머니랑 둘이 살았는데, 늙어가는 어머니를 두고 멀리 오려니 마음이 참 그렇더라고요. 그런데 국적을 바꾼 계기도 또 어머니 때문이에요. 지난 몇 년 어머니가 많이 편찮으셨는데, 제가 일본에 길게 있을 수 없으니 한국으로 모셔 와서 간병했거든요. 그 일을 겪으며 드는 생각이, 만약 어머니가 돌아가시면 내 여권 연장에 필요한 호적등본을 누가 떼서 보내줄까, 일본에는 이제 친구 관계도 다 끊어지고 부탁할 사람도 하나 없는데. 내가 죽으면 누가 일본 대사관에 가서 사망신고를 해줄까, 일본어를 못하는 인화가 거길 찾아가서 쩔쩔매며 내 사망신고를 할 걸 생각하니 아찔하고 마음이 급해졌어요.

제가 일본인이라는 것을 알게 되면 사람들이 그래요. 딸도 일본어 잘하겠네요! 저는 그냥 웃어넘겨요. 사실 저는 인화에게 일본어를 못 가르쳤거든요. 시아버지가 살아 계실 때 인화를 낳아 키웠는데, 시아버지가 일본어를 못 가르치게 하셨어요. 일본이 불편하고 싫으셨던 거 같아요. 결혼할 때는 모두 축복해주셨지만, 막상 일본인 며느리와 사는 것이 쉽지는 않으셨나 봐요. 그런 시아버지 마음을 알지만 친정어머니를 생각하면 속상해요. 하나밖에 없는 손녀가 얼마나 보고 싶고 궁금했겠어요. 지금처럼 영상통화를 할 수 있는 때도 아니고 전화로 목소리만 겨우 들을 수 있었는데, 인화는 외할머니랑 아무 대화도 나누지 못했어요. 몰래 일본어를 가르칠까 싶었지만 만약 그랬다가 아이가 할아버지 앞에서 불쑥 일본어를 하면 얼마나 난감해질까요. 그때 생각하면 지금도 눈물이 나요.

시아버지는 너무 어려워서 제 마음을 이야기할 수 없었지만, 시어머니하고는 한 번 기회가 있었어요. 위안부 피해 할머니에 관한 뉴스를 보며 어머니가 "아이고, 아이고!" 하세요. 저는 마음이 한없이 쪼그라들었어요. 어머니 앞에서 제가 죽을죄를 지은 듯 어쩔 줄 모르겠더라고요. 숨도 못 쉬다가 간신히 용기를 냈어요.

"어머니, 한국하고 일본이 문제가 심각하네요."

"아유, 옛날에 일본 놈들이 말이다, 어쩌나 악독하게…."

"맞아요, 어머니. 빨리 해결되면 좋겠어요."

"그래도 너는 좋아. 너는 일본 사람이지만 그래도 좋아."

고작 그런 대화를 했을 뿐이지만 그것만으로도 서로 마음이 좀 편해졌어요. 한일관계가 이 정도로 나쁘다는 것을 일본에 있을 때는 몰랐어요. 그저 막연하게 여러 갈등이 있다고만 알고 왔는데, 한국에서는 바로 피부로 와닿았어요. '다케시마'라는 말도 한국에서 처음 들었어요. 한국 와서 얼마 안 됐을 때 뉴스에서 독도 문제로 삭발하는 어떤 사람을 보았어요. 일본 사람 입장에서 보면 꽤나 과격한 모습이었어요. 놀라서 무슨 내용인지 알아보려고 도서관에 가서 책을 찾아봤어요. 일본 책은 전혀 없고 한국 책뿐인데 너무 어려워서 단어를 건너뛰고 또 건너뛰었어요. 대충 눈치만 채고 더 공부해야겠다고 생각했어요.

"너네 엄마 나쁜 사람이야!"

❋

아이가 커가면서 두려움도 점점 커졌어요. 제가 일본 출신이라는 것 때문에 아이한테 힘든 일이 생기지 않을까 걱정됐어요. 학년이 바뀔 때마다 선생님을 찾아가 부탁했어요. "제가 일본 사람이라는 점 때문에 아이가 나쁜 말을 듣지 않을까 걱정됩니다. 잘 살펴주시고 혹시 무슨 일 있으면 꼭 말씀해주세요."

아이가 초등학교 가기 전부터, 독도가 어느 나라 땅이냐고 묻거든 망설이지 말고 '독도는 한국 땅'이라고 야무지게 말하라고 가르쳤어요. 혹시라도 머뭇대거나 모른다고 하면 바로 일이 생길 테니까요. 하지만 아무리 조심해도 벌어질 일은 다 벌어졌어요. 인화가 초등학교 1학년 때 일제 강점기 시절 독립운동가를 가두었던 서대문형무소로 현장학습을 갔어요. 거기서 어떤 학생이 인화에게 소리쳤대요. "너네 엄마 나쁜 사람이야!" 그 아이에게 주의를 주기는 했지만 인화가 많이 놀랐을 거라고, 선생님이 전해줬어요. 그게 시작이었어요. 인화는 그 일로 왕따가 되어 고등학생인 지금까지 왕따예요.

저는 이주민이라 학교 급식봉사, 청소봉사에 더 신경 써서 나갔는데, 그것 때문에 인화 엄마가 일본인이라는 것을 엄마들이 다 알게 됐던 거예요. 그 뒤로 큰 뉴스가 터질 때마다 문제가 생겼어요. 가장 심했던 일은, 아이가 5학년 때 우리 집 현관문에다 누군가 '인화 엄마 일본인, 죽어라'라고 써놨던 일이죠. 남편이 처음 발견했어요. 아이한테 일어나는 일을 제가 다 대처하고 남편은 전해 듣기만 하다가 그때 처음 직접 보게 된 거예요. 충격이 컸던가 봐요. 경찰에 신고했는데, 나와서 조사하더니 학교에도 연락했더라고요. 선생님이 "어머니, 놀라셨죠" 하고 전화했어요. 저는 사과받고 싶다고 했어요. 정말 사과받고 싶다고. 하지만 그 뒤로 학교와

경찰에서 아무 연락이 없었어요. 인화에게 혹시 학교에서 괴롭히는 아이가 있는지 물어봤지만, 애는 원래 왕따여서 아무도 괴롭히지 않는대요. 그 일은 그렇게 끝났어요.

아이가 중학생일 때는, 한 선생님이 수업 시간에 일본 욕을 엄청 하다가 학생들 반응이 이상하니까, 혹시 일본인 부모님을 둔 학생이 있느냐고 물었대요. 인화가 손을 드니 아주 민망해하면서 미안하다고 하시더래요. 학생들에게 바른 역사를 가르치는 것은 꼭 필요한 일이죠. 하지만 너무 감정을 실어 말씀하시면 우리 입장에서는 참 힘들어요. 그런 일이 자주 있으니까 인화는 익숙해져서 별로 감각이 없어요. '아, 또 그런가' 하는 마음이죠. 하지만 몸이 반응해요. 체하고 머리가 아프대요. 학교에서 무슨 일이 있었는지 아이가 다 말하지 않아도, 아프다거나 학교에 가고 싶지 않다고 할 때는 대개 그런 이유라는 것을 제가 알아요. 본인은 왜 아픈지 모르지만 스트레스 받으니까 아픈 거예요. 간절하게, 엄마로서 딸을 지켜주고 싶어요. 아니, 지켜준다기보다 옆에서 같이 고민하면서 아이 스스로 해결할 수 있게끔 힘을 키워주고 싶어요. 피할 수 없다면 부딪쳐야 하니까요.

딸에게 이야기했어요. 역사는 역사야. 그 역사로 인해 상처받지 마라. 엄마는 일본이 과거사에 대해서 한국에 분명히 사죄해야 한다고 생각해. 하지만 그 일로 현재 너희까지 사이가 나빠질 필

요는 없어. 이것은 아이에게 하는 말인 동시에 저 스스로에게 하는 말이기도 해요. 인화는 저랑 위로를 나누고 위안부 피해 할머니께 편지 쓰기 캠페인에 참여하며 자기 입장을 정리해가고 있어요. 그러면서 아이가 자기를 지킬 힘을 얻길 바랍니다.

아이들의 변화에서 희망 찾아

❋

저는 상호문화교육 강사로 활동하고 있어요. 주로 초중생들을 만나 일본 사회와 문화에 대한 이야기, 일본인과 한국인이 좋은 관계를 맺는 데 도움이 될 이야기를 해요. 한번은 초등학교 1학년 교실에 들어갔는데, 한 학생이 벌떡 일어나서 저에게 손가락질하며 "살인자! 일본 사람은 다 살인자야!" 하고 소리쳤어요. 그때는 하시마 섬군함도에 관한 뉴스가 많이 나올 때였어요. 독도 이야기로는 '살인자'까지는 안 나와요. '와, 세다!' 하면서 엄청 놀랐죠. 침착하기 힘들 정도였어요. 한 중학교 수업에서는 제가 교실에 들어가니 학생들이 약속한 듯 다 같이 '독도는 우리 땅' 노래를 부르기도 했어요. 정말 울고 싶었어요. 저는 그 마음이 뭘까 생각해봤어요. 여러 가지가 섞여 있겠지만 대개는 일본인인 저를 공격하고 싶은 마음이라고 생각합니다. 비슷한 일을 반복해서 겪으면서 학생들에게 하고 싶은 이야기가 조금씩 정리됐어요. 저는 마음을 진정시키고 학생들과 하나하나 눈을 맞추며 말합니다.

"과거에 일본이 한국을 식민 지배 하면서 마음 아픈 일이 많았어요. 미안하게 생각합니다. 지금은 서로 사이좋게 지내려고 노력하는 사람들도 많아요. 저도 여러분과 사이좋게 지내고 싶어서 여러분을 만나러 온 거예요. 그런데 제가 일본 사람이라고 해서 놀리거나 무조건 비난하는 것은 옳지 않은 행동입니다. 일본 사람이라고 해서 다 독도가 일본 땅이라고 주장하지 않아요. 그렇지 않은 일본 사람도 많아요. 저도 그중 하나죠. 한국과 일본 사이에 갈등이 심합니다. 하지만 그것은 국가 간에 풀어야 할 문제입니다. 그럴수록 우리 개인들은 서로 만나고 이해하고 친해지려고 노력하면 좋겠어요. 여러분은 어떻게 한국인이 되었나요? 한국인 어머니 아버지에게서 태어났기 때문에 한국인이 된 거죠? 저도 일본인 부모님에게 태어났기 때문에 일본인이 된 거예요. 이처럼 출신 민족이나 국가는 자기가 선택할 수 있는 것이 아닙니다. 출신 배경을 이유로 차별하고 놀려서는 안 됩니다. 여러분은 앞으로 다양한 나라 사람을 만날 기회가 많을 거예요. 누구를 만나든, 그 출신 배경만 보고 섣불리 판단하지 말고 개인의 생각과 처한 상황을 잘 살펴보며 좋은 관계를 맺기 바랍니다."

수업이 끝나니 학생들 몇이 다가와서 아까 죄송했다고 합니다.

또 그중 한 아이는 작은 목소리로 자기 아빠도 일본 사람이라고 말했어요. 그동안 애써 감춰왔던 것을 말할 용기가 생겼나 봐요. 주변 친구들이 "와, 진짜?" 하면서 긍정적인 반응을 보이니, 그 아이가 밝은 얼굴로 고개를 끄덕였습니다.

지금은 저와 딸에게 뭔가 일이 생겨도 놀라거나 당황하지 않아요. 오히려 "이거 엄청 좋은 차별 사례다, 교육 때 써먹어야지! 너도 학교에서 무슨 일 있으면 꼭 알려줘"라고 말합니다. 우리는 이렇게 부딪쳐가며 조금씩 단단해지고 있어요.

사실 아이들이 살인자라 소리치고 '독도는 우리 땅'을 떼창하며 저를 밀어낼 때는 정말 암담했어요. 여기서 못 살겠다 싶었죠. 그런데 계속 교육 활동을 하면서 아이들이 변화하는 것을 느끼니 재미있고 의미 있어요. 이런 소소한 노력으로 상처 깊은 한일관계가 크게 달라지지는 않겠지만, 그래도 저는 계속해보려고요.

더욱 특별한 노력이 필요해요

가까운 가족, 친한 친구들과도 예의를 갖춰야 좋은 관계를 이어갈 수 있지요? 국경을 맞댄 이웃 나라 사람들과도 마찬가지입니다. 대한민국은 일본과 중국, 러시아, 조금 멀게는 몽골, 베트남 등과 역사적으로 밀접한 관계를 맺어왔어요. 고려시대에 몽골의 침략을 받기도 했고, 중국과는 사대관계를 맺기도 했지요. 일본의 침략을 받아 나라를 빼앗긴 역사도 있고, 베트남 전쟁 당시 미국 편에서 군대를 파견하여 민간인을 학살하는 등 큰 상처를 준 일도 있어요. 우리에게는 그 역사를 오롯이 안고 이 시대를 지혜롭고 평화롭게 살아내야 하는 책임이 있죠. '이웃과 나'라는 개인적 관계와 '이웃의 출신국과 나의 출신국'이라는 국가적 관계를 구분할 줄 알아야 합니다. 우정을 소중히 여기고 역사의 짐을 개인에게 지우는 발언을 삼가야 하죠. 물론 나라 사이에 얽힌 문제나 역사적 과제에 대해 아예 의견을 나누지 말자는 것은 아니에요. 서로 객관적이고 냉정한 입장을 유지하며 역사와 정치, 복잡한 현실에 대해 토론하고 건강하게 비판하는 것은 바람직한 일입니다. 얽힌 실타래를 풀기 위해 작은 일이라도 함께 실천한다면 더할 나위 없겠고요.

사토미 씨가 한국에서 혐오와 조롱에 시달리는 사이 일본에서는 한국인이 혐한_{한국과 한국인을 혐오함}을 견디고 있어요. 즉시! 동시에! 멈춰야 해요. 개인은 <u>스스로</u> 학습하며 선량한 시민이 될 책임이 있고, 사회는 방지책을 세우고 홍보와 교육 등 다양한 방법으로 시민을 교양할 책임이 있어요. 일본 사회는 '헤이트스피치_{혐오 발언} 방지법'을 만들어 한인에 대한 혐오 표현을 막으려 노력하고 있어요. 양심적인 시민들이 나서서 헤이트스피치 데모를 '카운터 데모_{반박 시위}'로 막아내기도 했고요. 우리 사회도 노력하고 있지만 아직 너무 부족해요. 학교와 사회에서 인권, 반차별 교육을 확대하고, 서둘러 '포괄적 차별금지법'을 제정하여 차별과 혐오에 대응할 기준을 만들어야 하겠어요.

한국에선 다 드라마처럼
사는 줄 알았어요

가난에서 벗어나고픈 결혼이주 여성 지연

기필코 살아내겠다는 의지가 높은 베트남 출신 지연은
경기도의 한 도시에서 한국인 남편, 아들 영민과 함께 산다.
열심히 일해서 남들처럼 살고 싶다는 꿈을 가진 지연,
하지만 그것은 애초부터 불가능한 일인지도 몰랐다.

월세 12만 원? 여기서 살아보자

✳

지금 이사 가고 싶은 집은 전세보증금이 2,700만 원이래
요. 내가 가본 집들 중에서 제일 좋아요. 친구가 살던 집인데, 벌레
도 없고 화장실이 안에 있고 냄새도 안 나요. 부족한 돈은 대출받
으려고 했는데, 말짱 꽝이 됐어요! 점심시간에 밥도 굶고 전세보
증금 대출을 알아보러 은행에 갔는데 실망만 잔뜩 하고 왔어요.
안 된다는 말을 들으니 더 배고프고 서러웠어요. 처음엔 될 거라
며 이것저것 쓰라고 하더니 마지막에 계약서를 보고는 지층이라

안 된다는 거예요. "지층이 뭐예요?" 하고 물으니, 그것도 몰랐느냐는 눈으로 나를 봐요. 여기, 하고 계약서를 손가락으로 콕 찍으며 말하더라고요. "지층 102호. '지하'잖아요. 이 집 반지하죠? 우리 은행에서는 반지하는 전세대출 안 되거든요. 혹시 신용대출로 알아봐드릴까요? 전세대출보다는 이자가 높아요. 통장에서 자동이체하는 거 있으세요? 휴대폰 요금이나 전기 요금 같은 거요. 없어요? 아, 그럼 신용대출도 어려운데, 어쩌지요?" 어려운 말이 많아서 제대로 알아듣기 힘들었어요. 하지만 대출을 안 준다는 말인 것은 확실해요. 나는 눈앞이 깜깜해졌어요. 과장님이 분명히 은행에서 돈을 빌릴 수 있다고 했는데! 그럼 1,000만 원을 어떻게 만들지?

2008년, 내가 베트남을 떠나올 때 친구들이 다 부러워했어요. 깡촌년이 출세해서 한국에 가는구나. 너도 이제 좋은 집에서 멋지게 살겠네. 친구들만 그런 게 아니에요. 나도 한국에서는 다 그렇게 사는 줄 알았어요. 높고 멋진 아파트, 넓고 푹신한 침대. 뭐, 아시잖아요. 한국 드라마에 그런 집이 수두룩하게 나온다는 거. 그때 우리가 한국에 대해 알았던 것은 그게 다였어요. 그 철없던 시절을 생각하면, 휴우우.

지적장애가 있는 남편은 부모님을 일찍 잃고 고모 손에 자라서 어찌어찌 나랑 결혼했어요(음… 결혼한 이야기는 안 할래요, 심하게 울컥할 거예요). 한국에 처음 와서는 전남 순천 시골에서 농사짓는 시고모 댁에 얹혀살았어요. 지금 사는 이 도시로 이사 온 것은 영민이를 가진 지 5개월 때였어요. 벌써 10년 전 일이네요. 고향 친구가 놀러 오라고 하도 졸라서 남편과 손잡고 물어물어 왔어요. 버스에서 내릴 때는 엄청나게 높은 건물과 깔끔한 거리 풍경에 목이 움츠러졌는데, 마중 나온 친구를 따라 들어온 동네는 낡고 친근한 모습이었어요. 외국 사람이 많았어요. 거리를 지나는 사람들이 베트남 말을 하니, 신기하고 고향에 온 것 같은 느낌이었어요. 베트남 음식을 허겁지겁 먹는 나를 보고 깔깔거리던 친구가 다시 내려가지 말고 이 동네에서 같이 살자고 했어요. 일자리 구하기도 쉽다고. 하지만 그건 전혀 상상할 수 없는 일이었어요. 주머니에만 원짜리 몇 장밖에 없는데 어떻게 여기서 먹고살아? 남편은 그저 빙글빙글 웃기만 했어요.

친구가 자기 사는 옆집에 보증금 없이 월세만 12만 원인 방이 있대요. 12만 원? 내가 화들짝 놀라니까, 친구가 웃으며 말했어요.

"여기서는 한 달 열심히 일하면 100만 원은 벌 수 있어. 남편이랑 너랑 둘이 같이 일하면 200만 원 벌잖아. 괜히 고모 눈칫밥 먹지 말고 여기서 살아."

나는 허공을 바라보며 한참 생각했어요. 일하라면 도망 다니는 남편, 너 데려온 값은 안 받을 테니 니들 먹을 건 네가 책임지라며 쉴 새 없이 농사일을 시키던 고모님. 공짜로 지낼 방이 있고 밥은

먹지만 돈은 받지 못하는 노동, 가끔 용돈으로 주던 만 원짜리 한 두 장. 말을 다 알아듣지는 못하지만 눈치만으로도 서글펐던 하루 하루. 나는 결심했어요. 여기서 살아보자, 더 나빠질 것도 없잖아!

숟가락, 바가지, 슬리퍼, 하루 하나씩!

✽

우리는 당장 방을 보러 갔어요. 3층 건물의 맨 아래층이었 어요. 대문 오른쪽에 같이 쓰는 화장실이 하나 있고 맞은편에 세 가구가 사는 구조였어요. 마당에서 계단 몇 개를 내려가면 나무 문 세 개가 나란히 있는데 문 하나에 한 집씩 산대요. 열고 닫을 때마 다 썩은 나무 부스러기가 부슬부슬 떨어지는 문을 열고 들어가면 누런색 타일이 촘촘히 깔려 있고 수도꼭지가 왼쪽 벽에 낮게 붙어 있어요. 오른쪽 벽에는 낡은 가스보일러와 방문이 나란히 붙어 있 어요. 네 명이 꼭 붙어 누우면 꽉 찰 정도로 방이 아주 작았어요.

"계약서는 무슨 계약서, 그냥 살아."

집주인 할머니가 바로 들어오래요.

"오늘 12만 원 주고 매달 이 날짜에 12만 원 주면 돼. 가스, 수 도, 전기는 세 집이 똑같이 나눠 내면 되고."

첫 월세는 친구에게 빌렸어요. 우리 집은 3호, 가운데는 필리핀

남자 두 명이 사는 2호, 맨 왼쪽은 베트남 부부가 사는 1호. 우리
는 할머니가 준 걸레로 방을 닦고 몇 가지 물건을 사 왔어요. 이불,
냄비와 밥그릇 두 개씩, 휴대용 버너와 가스, 쌀 한 봉지, 수건. 아
참, 칫솔도. 그날 샀던 물건들이 하나하나 다 기억나요. 컵라면 살
때 끼워 주는 나무젓가락을 한 뭉치나 공짜로 얻었어요. 황당하지
만 재미나기도 했어요. 살림 장만하는 게 이런 기분이구나! 고모
집에 들어갔을 때는 이미 방에 장롱과 텔레비전이 놓여 있었고,
밥그릇 하나 내 손으로 산 것이 없었거든요. 우리는 버너와 냄비
를 수도꼭지 옆에 놓고 밥하고 설거지하고 몸도 씻었어요. 손잡이
가 달려 있어야 할 자리에 둥근 구멍만 뻥 뚫려 있는 방문에는 비
닐 끈을 묶어 손잡이를 만들었어요.

　다음 날, 바로 일자리를 구했어요. 일당 아르바이트라 저녁마
다 3만 원씩 받았어요. 매일 그 돈으로 물건을 하나씩 샀어요. 숟
가락, 바가지, 슬리퍼, 이런 것들을 하루 하나씩! 컨베이어벨트 속
도를 맞추느라 죽을 맛이었지만 내 손으로 물건을 살 때면 기쁨이
넘쳤어요. 사실 전자부품 조립하는 일은 뙤약볕 아래서 호미질하
고 모기에 뜯겨가며 고추 따는 일에 비하면 일도 아니었어요. 남
편은 회사에 가자마자 욕먹고 쫓겨 나오기를 몇 번 하더니 취직에
흥미를 잃었나 봐요. 일을 찾아볼 생각도 않고 방바닥에 붙어 있
었어요. 나는 월급제 회사로 옮겨 죽자 살자 일했어요. 야근도 마

다하지 않았죠. 아기 가진 사람이 그러다 큰일 난다고 사모님이 걱정할 정도였어요. 처음 받은 월급이 124만 원, 그렇게 큰 돈은 처음 받아봤어요. 꿈같았어요. 배 속 아기가 점점 자라 몸이 무거워졌지만, 나는 악바리였고 아기는 더 악바리였어요.

첫 월급 받아서, 조그만 중고 냉장고를 하나 샀어요. 9만 원 달라는 것을 조르고 졸라서 8만 원만 줬어요. 음식이 든 냄비를 방에 두면 바퀴벌레가 꼬여서 냉장고가 꼭 필요했어요. 중고 가스레인지도 사고 길에서 서랍장도 주워 왔어요. 방에 냉장고와 서랍장을 놓으니 이제 딱 두 사람 누울 자리만 남았어요. 그 방에서 우리 영민이를 낳아 키웠어요. 출산하고 서너 달 일 못 할 것을 생각해서 생활비를 벌어놓느라 진통이 오는 순간까지 일했어요. 아기 낳고 허리가 계속 아팠는데 바깥에 있는 화장실을 가려니 몹시 힘들었어요. 허리 아파 옷도 제대로 못 추스르고 화장실 문을 열고 나가다 마침 자기 방에서 나오던 필리핀 남자랑 눈이 마주쳤을 때는 창피해 죽을 것 같았어요. 빨리 돈 벌어서 안에 화장실 있는 집으로 이사 가자! 나는 겨우 2개월 된 영민이를 수녀님들이 운영하는 어린이집에 맡기고 일을 나갔어요. 첫날은 영민이가 너무 가여워서 울었어요.

그 방에서 겨울을 나면서 영민이는 계속 감기를 달고 살았어요. 문틈, 창문 틈으로 찬바람이 씽씽 들어와서 비닐로 막았더니 벽에 곰팡이가 새까맣게 올라왔어요. 수녀님이 아기 옷에서 곰팡내가 난다고 환기에 신경 쓰라고 했지만, 그렇게 추운데 어떻게 문을 열어놔요.

두 번째 집은 보증금 300만 원에 월세 16만 원짜리 방이었어요. 마당보다 방이 낮은데 다행히 철문이어서 문을 꼭 닫으면 찬바람이 새지 않을 것 같아 마음에 들었어요. 게다가 싱크대가 있어서 쪼그려 앉지 않고도 음식과 설거지를 할 수 있으니 얼마나 좋아요. 제일 좋은 것은 역시 화장실! 화장실이 안에 있어서 행복했어요. 하지만 이 방은 너무 좁은 게 문제였어요. 영민이 살림이 늘어나는데 어디 둘 데가 있어야죠. 방에 장난감 바구니라도 쏟아놓으면 발 디딜 틈이 없었어요. 야간까지 마치고 오면 남편과 아이는 쓰레기통 같은 방에서 장난감이 등에 배기거나 말거나 이불을 둘둘 말고 잠들어 있곤 했어요. 햄을 꺼내 먹고 그대로 굴려둔 캔을 밟아 발이 찢어진 적도 있어요. 그때는 정말 울화가 치솟아 머리가 터질 것 같았어요. 나는 피 나는 발을 붙들고 앉아 엉엉 울었어요. 우리가 개야? 엉엉, 개도 이것보다는 낫게 살겠다! 엉엉. 부스스 일어난 남편이 멍하니 나를 바라봤어요. 흐흥, 지금 생각해보니 좀 우습네요.

지금 사는 집은 이 도시로 이사 오고 다섯 번째 집이에요. 제일 문제는 화장실이에요. 욕실 바닥보다 변기가 높이 있는데 자주 똥

물이 올라와요. 일을 보고 물을 내리면 쿨럭대다 넘치는 일도 잦
아요. 남편과 영민이가 넘친 변기를 그냥 두고 내빼버리니 매일
집에서 똥냄새가 나요. 집주인한테 고쳐달랬지만, 그냥 참고 살래
요. 오히려 성을 내요.

"싼 집이 다 그렇지 뭐! 자꾸 조르지 말고 돈 벌어서 이사 가!"

이 집으로 이사 오기 전에도 화장실이 제일 문제였어요. 그 집
은 계속 월세로 살다 전세로 얻은 첫 집이었어요. 보증금 1,000만
원. 방 두 개! 친구들이 부러워했어요. 얼마나 악착같이 모았으면

전세를 다 얻었어? 그런데 화장실이 밖에 있었어요. 네 가구가 화장실 하나로 살아야 했어요. 우리 가족 빼고 세 가구엔 한 명씩만 살았지만, 역시 아침마다 곤란한 일이 벌어졌어요. 아침 소변은 부엌 하수구에 봐야 할 때가 많았어요. 영민이는 화장실에 있는 거미가 무섭다고 억지로 참다가 똥을 지리곤 했어요. 혼나고 울다 잠든 영민이를 안고 혼자 울먹인 적도 많아요. 미안해, 아들. 그래서 무조건 화장실이 안에 있는 집을 찾아 여기로 이사했던 거예요.

콩벌레랑 비슷하다는 생각도

✳

낮에 있던 일로 기운 빠지고 배고파서 급하게 밥을 하는데 영민이가 씩씩거리며 들어왔어요. 열 살짜리 꼬마지만 화내니까 제법 무섭네요. 친구들과 큰길 건너 아파트 놀이터에서 놀다가 쫓겨났대요. 돈 많은 사람들이 사는 것이 분명한 엄청 근사한 아파트예요. 놀이터에 예쁘고 새로운 놀이기구가 있어서 아이들이 거기서 놀고 싶어 하거든요.

"엄마가 거기서 놀지 말랬잖아. 지난번에도 쫓겨났다면서 또 갔어?"

"얼마나 재밌는데 왜 안 가? 이 씨, 그 아저씨 나쁜 놈이야!"

아이가 경비 아저씨를 원망합니다. 하지만 나는 알아요. 경비 아저씨가 아니라 거기 사는 사람들이 우리 애들을 싫어한다는 것을요. 잘살면 좀 너그럽게 굴 일이지! 싱크대 앞에 쪼그려 앉은 영민이는 콩벌레를 잡아가지고 노는 사이 분한 마음을 삭인 듯해요. 콩벌레는 작은 발을 놀려 달아나다 영민이 손이 닿으니 또르르 몸을 말고 죽은 척해요. 왜 잡혔니, 너도 오늘 운이 나쁘구나. 밥하느라 바쁜데 영민이는 하필 거기 앉아 자꾸 발에 차였어요. 짜증 나지만 꾹 참고 내가 피해 다녔어요. 쫓겨나서 화나고 서러운 아이한테 나까지 잔소리하면 너무 안쓰러우니까요.

그동안 겪은 일을 생각하면 은행에서 거절당한 것쯤은 아무것도 아니잖아요. 그런데 왜 이리 속상할까요. 어쩐지 내가 콩벌레랑 비슷하다는 생각도 들어요. 죽은 척 가만히 웅크리고 있지만 속으로는 살려고 악착같이 버둥거리는, 그런데 아무도 알아주지 않는.

결혼이주 여성, 동등한 권리를 가진 시민

2021년 여성가족부가 실시한 '전국 다문화가족 실태조사'에 따르면, 결혼이주민이 포함된 가구는 약 28만 5,000가구입니다. 결혼이주민의 82.5퍼센트가 여성이고요. '다문화가구'의 평균 가구원 수는 2.82명이고, 약 62퍼센트가 100~300만 원대 월평균 소득을 얻고 있다고 해요. 2021년 3인 가구 중위소득(중위소득은 국민 가구소득의 중윗값으로 매해 새로 정해져요)이 398만 3,950원이니, '다문화가구'의 약 62퍼센트가 중위소득 이하의 벌이를 하고 있는 셈이죠. 직업 훈련, 창업 지원 등 소득을 높일 방법을 찾아 다각도로 지원해야 하겠어요.

한편 뉴스에서 결혼이주 여성이 인권침해나 가정폭력을 당했다는 보도를 심심치 않게 만납니다. 한국 사회는 여성에 대한 폭력에 비교적 관대한 편이고 가정폭력을 '가정 내에서 일어나는 사적인 일'로 치부하는 경향이 있어요. 게다가 저개발 국가에서 온 결혼이주 여성에 대해 가난한 나라 출신이므로 무시하고 함부로 대해도 괜찮다는 인식도 팽배하니 비슷한 일이 반복되는 듯해요. 결혼이주민이 체류 기간을 연장하거나 귀화 신청을 할 때 배우자와 혼인관계를 원만하게 유지하고 있는지, 자녀가 있는지를 주요한 판단 기준으로 삼기 때문에 결혼이주민은 한국인 배우자에게 종속될 수밖에 없어요. 체류 자격을 연장하려면 혼인관계를 유지해야 하니 결혼이주민은 피해가 예상되는 상황에서도 적극적으로 대처하기 힘들어요. 결혼이주 여성에 대한 가정폭력을 막으려면 이러한 차별적인 구조를 바꾸는 것이 우선이죠.

한편 일부가 그런 피해를 당했다고 해서 결혼이주 여성 전체를 불쌍한 사람들이라고 생각하는 것은 무척 곤란해요. 그런 시선 자체가 오히려 차별이죠. 차별 없는 좋은 제도를 만들고 피해가 발생하면 즉시 구제하되, 당사자에 대한 낙인과 편견이 형성되지 않도록 예민한 관심을 기울여야 해요. 결혼이주민 역시 동등한 권리를 가진 시민이라는 점을 명확히 하고 함께 권리를 증진해가는 자세가 필요해요.

'왜 외국인들을
여기 모아놨어?'

함께 일하고 함께 늙어갈 한국인 조니

방글라데시 출신 조니는 귀화 한국인으로
대한민국 주민등록증을 가지고 있지만 여전히 '외국인' 취급을 받는다.
한국인과 비한국인의 경계에서 때론 예민하게 차별을 느끼고,
때론 분노하고, 때론 양쪽 사이가 매끄럽도록 기름칠하는 역할을 한다.

몇 시간 기다렸는데 다시 오라고?

❋

충격이었어요. 동생 데리고 외국인 재난지원금을 신청하
러 갔는데 줄이 말도 못 하게 길었죠. 건물을 뱅 두른 줄이 조금
씩 느리게 앞으로 가고 있었어요. 아이고 죽겠다, 하고 잠깐씩 앉
았다 일어나는 동포 할머니들도 있었어요. 덥기는 또 어찌나 더운
지, 뜨거운 햇볕 아래서 다들 얼굴을 찡그리고 있었어요. 나는 다
행히 동생이랑 둘이라서 동생을 줄에 세워놓고 물을 사러 다녀왔
어요. 몇 병 더 사서 앞뒤 어른들에게도 나눠드렸죠.

그때 모퉁이 저편에서 시끄러운 소리가 들렸어요. 누군가 목청껏 소리를 질렀어요. 왜 외국인들을 여기 모아놨어? 코로나 옮기면 누가 책임질 거야? 도대체 누구한테 허락받았어? 여러 사람이 고함치는 소리가 계속 들려왔어요. 뭐야, 우리 들으라고 저러는 거야? 우리가 다 코로나 환자들이란 말이야? 한국 사람들 대체 왜 저래? 줄 선 우리도 웅성웅성. 마음이 무척 불편했어요. 무슨 일인지 가보고 싶었지만 동생이 가지 말라고 팔을 잡아끄는 바람에 가보지 못했어요. 그러면서 두어 시간이 흘렀는데, 갑자기 오늘은

신청 접수를 중단하니 돌아갔다가 나중에 다시 오라고 했어요. 줄 서서 몇 시간이나 기다린 사람들한테 정말 너무한 거 아닌가요? 한국어를 잘하는 사람들은 더러 항의하기도 했지만 대부분 화난 표정과 초라한 마음을 누르며 흩어졌어요. 나와 동생도 충격과 분노를 안고 돌아왔어요.

내가 거기 갔던 것은 동생에게 지자체가 지급하는 재난지원금 5만 원을 받게 해주고 싶었기 때문이에요. 경기도와 서울시가 처음에는 재난기본소득을 한국인에게만 주다가, 외국인 차별이라고 비판하니까 결혼이민자, 영주권자에게도 준다고 했어요. 한국인과 결혼하거나 영주권이 있는 사람만 사람인가요, 그것도 역시 차별 아닌가요? 그런데 고맙게도 내가 살고 있는 도시는 외국인등록증이 있으면 누구나, 한국인과 똑같이 5만 원씩 다 준다고 했어요. 금액이 적었지만 그래도 기뻤어요. 외국인도 여기서 같이 사는 사람이라는 것을 인정해주는 거잖아요. 뿌듯하고 고마웠죠. 그 덕분에 동생도 지원금을 받게 되어 좋아했어요.

뿌듯함은 딱 거기까지였어요. 귀화 한국인인 나는 이미 지원금을 받았어요. 집에서 인터넷으로 신청하니까 5분도 안 걸렸어요. 지원금을 주는데 이렇게 간편하기까지 하다니, 정말 한국이 대단하다고 생각했죠. 그런데 웬걸, 외국인에게는 전혀 달랐어요. 6월부터 두 달간 도시 전체에서 단 한 군데에 마련된 신청 창구에 직접 가서 신청해야 한다고 했어요. 인터넷 신청 같은 것은 없었어요. 여기저기 흩어져 살고 있는 사람들 4만여 명이 5만 원을 받기 위해 다 한군데로 모여야 하는 상황, 믿을 수 없지만 사실이었죠. 더구나 평일 오전 9시부터 오후 6시까지만 창구를 운영한다니 나 같이 회사에 매인 사람은 갈 수도 없잖아요. 요즘 회사들은 시급으로 계산하니까 직원이 재난지원금 받으러 갔다 온다고 하면, 사장님은 그 시간만큼 시급에서 뺄 거예요. 그렇게 계산하면 간단하니까 서로 싸울 필요 없잖아요. 그러니 외국인은 시급을 포기하고 재난지원금을 신청하러 가야 하나 말아야 하나 그런 고민에 빠지게 되는 거죠.

다행히 6월 첫 주에는 주말에도 창구를 연다고 해서 우리도 토요일에 갔어요. 주말 아르바이트도 포기해야 하고 번거롭기도 했지만 동생에게 꼭 받게 해주고 싶었어요. 그거 받으면 뭔가 멤버십 같은 걸 느끼게 될 것 같았어요. 버스를 갈아타고 가려면 좀 복잡해서 택시를 탔어요. 갈 때 8천 원, 신청 못 하고 돌아오는 길에 너무 힘들어서 또 택시 탔더니 다시 8천 원. 돌아가는 택시 안에서 너무 기가 막혀서 막 웃음이 나왔어요. 멤버십 같은 소리! 그냥 내가 아르바이트 뛰어서 5만 원 주고 말걸! 그런데 정말, 왜 외국인은 한국인처럼 인터넷이나 지역마다 있는 주민센터를 방문해서 신청하도록 하지 않는 걸까요? 궁금한데 물어볼 데가 없네요.

나중에 알게 된 건데, 내가 갔던 접수창구는 새로 지은 주상복합 건물에 마련됐던 거래요. 하필 내가 방문했던 토요일, 나처럼 주말에만 시간 되는 사람들이 왕창 방문하니까, 거기 사는 사람들이 외국인들 몰려온다고 항의해서 어쩔 수 없이 운영을 중단했던 거라네요. 그다음 주에 장소를 옮겨서 다시 문 열었다가, 무슨 일이 또 생겨서 이틀 만에 다시 문을 닫고, 며칠 후에 또 다른 장소로 옮겼다고 하더라고요. 그 소식을 들으니 슬픔과 고마움이 동시에 느껴졌어요. 한국에 살면서 하찮은 사람 취급을 받은 게 한두 번이 아니었는데, 이번에도 역시 마찬가지구나! 하는 생각이 드는 동시에, 외국인도 챙겨주려고 장소를 두 번이나 옮겨가며 고생하는 것을 보니 고마운 마음도 들었던 겁니다. 사실, 쉽지 않을 거예요. 전에는 외국인에게 이런 혜택을 줘본 적이 없으니 아직 아무 시스템이 없는 거잖아요. 정부도 힘들 거라는 거 이해해요. 시스템이 마련되려면 시간이 많이 걸리는데 코로나가 너무 급하게 왔으니까요.

"둘 사이에 아이가 없어요?"

✻

　한국 사람 신분증을 가진 덕분에 재난지원금은 쉽게 받았지만 나는 여전히 외국 사람이죠. 얼굴이 외국 사람이니까 어쩔 수 없어요. 외국 사람이라고 무시할 때마다 이거 보세요, 하고 신분증 내밀 수도 없잖아요. 대부분은 내밀어도 소용없어요. 그래도 한국 사람은 아니잖아, 하는 말이 돌아오니까요.

그래요, 우리는 차별에 익숙해요. 직장에서 겪는 하대와 무시는 그냥 일상이어서 우리에겐 공기와 같은 일이죠. 이번 일을 겪으면서 잊고 싶어 깊이 묻어뒀던 일이 또 떠올랐어요. 나는 무역하느라 여러 나라를 돌아다니다가 한국에 와서 아내를 만났어요. 그 바람에 결혼하고 귀화까지 하게 된 건데요, 결혼 초기에는 정말 말도 못 할 만큼 험한 말을 많이 들었어요. 한국에서 정착하는 데 이용하려고 한국인과 결혼했다는 손가락질과 욕이 엄청났죠.

결혼하고 7년 만에 귀화 신청 서류를 내고, 그 뒤로 한국인이 되기까지 8년 걸렸어요. 원래 외국인이 귀화 신청을 하려면 한국에서 5년간 계속 체류해서 신청 자격을 갖춰야 하는데, 나처럼 한국인과 결혼한 사람은 간이 귀화라고 해서 2년만 계속 체류하면 자격이 생겨요. 하지만 나는 먹고사는 게 바빠 귀화를 신경 쓰지 못하다가 아내가 하도 원해서 7년 만에 서류를 냈어요. 우리 부부는 아이가 없어요. 불임이죠. 우리 부부에게는 큰 아픔이에요. 그것만 해도 속상한데 이건 뭐 출입국사무소에 갈 때마다 왜 아이가 없느냐고 의심하고 따지니 견딜 수가 없잖아요.

비자 연장을 신청할 때마다, 귀화 서류를 낼 때마다(자꾸 떨어져서 여러 번 냈거든요), 면접을 볼 때마다 나는 모욕적인 질문을 반복해서 받았어요.

"결혼한 지 오래됐는데 왜 아이가 없어요? 무슨 문제예요?"

그런 건 정말 물어보지 말아야 하는 거 아닌가요! 마음이 상할 수도 있잖아요. 나는 터지려는 울분을 누르고 간신히 사정을 설명했어요. 그런데 그다음에 또 물어봐요.

"둘 사이에 아이가 없어요?"

하도 기가 막혀서, 병원에서 불임인 이유가 적힌 진단서를 발급받아 제출하기도 했어요. 그런데 이 사람들 진짜 못 말려요. 그 서류를 손에 들고도 나를 빤히 보면서 물어봐요.

"아이 없어요?"

정말 미치고 팔짝 뛸 노릇 아닌가요?

그것만이 아니에요. 처음 귀화 신청서 낼 때 접수하는 사람이 이러는 거예요.

"국적 나오면 도망가시려고? 당신 나라에 가서 다시 결혼해서 여자 데려오려고?"

이 무례한 말을 다 참으려니 정말 피눈물이 났어요. 아내만 아니었으면 귀화고 뭐고 다 때려치웠을 거예요. 계속 귀화에 실패하니까 한번은 장인어른이 출입국에 물어봤어요. 그런데 그 사람들이 뭐랬는지 알아요? 그 사람 귀화하면 당신 딸 버리고 도망가서 자기 나라 여자랑 다시 결혼할 거라고, 하… 진짜! 이런 막돼먹은 말을 했다는 거 아닙니까! 우리 장인 어른과 장모님은 놀라고 화나서 어쩔 줄 몰라 하면서도 우리 부부를 위해서 꾹꾹 참았어요. 나도 참고 참다가 마지막 심사 때 얘기했어요. 심사 보는 사람이 출입국 높은 사람인 것 같았어요.

"손가락 다섯 개 다 똑같아요? 아니잖아요. 내가 국적 나오면 아내 배신하고 도망갈지 안 갈지 어떻게 알아요? 왜 미리 그런 말을 하는 거예요?"

그 사람이 "죄송합니다", 딱 그 한마디 하더라고요. 제발 인간적인 대접 좀 해줬으면 좋겠어요.

대접까지는 아니지만 나를 인정해주는 데가 있기는 있어요. 외국인이었으면 그냥 밀려났을 상황에서, 한국인 신분증이 먹히는 데가 있단 말이죠. 주로 인력사무소에서 그래요. 사업이 힘들어져 정리하고 회사에 다닌 지 오래됐는데, 그것만으로는 벌이가 충분하지 않아서 주말에는 인력사무소 가서 일을 찾거든요. 내 얼굴을 스윽 보고 말해요. "외국 사람 안 써요." 그럴 때 신분증을 보여주면 "아, 한국인이네요?" 하면서 반깁니다. 아무 기술이 없어도 항상 일이 있어요. 기술자 도와주고 물건 옮겨주고 허드렛일하면 일당 12만 원 정도 받아요. 노동력으로는 필요한 사람이란 뜻이죠. 그렇다면 인간적인 대접도 좀 해주면 좋잖아요?

이런 무례하고 다정한 참견이라니!

✳

한국은 신기하게도 두 가지가 다 있는 나라예요. 무시와 차별이 심하면서도 따뜻한 정이 있어요. 심지어 길에서 처음 만나는 분들도 (주로 노인분들이 그러시는데) 나를 되게 걱정해줘요.

"야, 돈 많이 벌었어? 나라 언제 가? 돈 벌었으면 빨리빨리 나라 가야지?"

아하하하, 처음에는 당황스러웠죠. 그냥 모른 척 지나칠 수도 없고 뭐라 대꾸할 수도 없고, 너무 정겨운데 예의는 없고, 이런 상황 정말 기가 막히지 않아요? 하지만 지금은 이골이 나서 여유가 생겼어요.

"예예, 많이 벌었어요. 조금 있으면 갑니다."

웃으며 대답하니 또 자상한 덕담이 날아와요.

"돈 나쁜 데 쓰지 말고 나라 가서 집 큰 거 하나 사."

아직 참을성이 부족한 친구들은 "언제 봤다고 그런 말 하세요?" 하고 대꾸하기도 해요. 나는 열받아 뜨끈해진 친구 등을 다독이며 말합니다. "그러지 마, 우리 걱정돼서 해주시는 말씀이야. 우리 한국 사람 됐어도 외국 사람이잖아." 사실 나도 화가 치밀죠. 이런 무례하고 다정한 참견이라니!

오늘도 집을 나서는데 예의 그 다정한 인사가 들려옵니다.

"어디 가? 또 일하러 가? 한국 사람 됐다고 너무 한국 사람처럼 일만 하는 거 아냐?"

얼굴이 한국 사람이든 아니든 나는 또 넉살 좋게 대답해요.

"아이고, 한국 사람 맞으니까 한국 사람처럼 살아야지요. 감사합니다."

그렇게 쉼 없이 일해 번 돈으로 뭐 할 거냐고 사람들이 물어요. 뭐 하긴요, 낼모레면 오십이니 나도 노후를 준비해야지요. 백세시대라고 하는데, 아내와 둘이 늙어서 고생 안 하려면 노후 생활도 준비해야 하잖아요. 네 나라로 언제 가냐고, 빨리 가라고 아무리 재촉하고 떠밀어도 나는 여기서 늙어가야 해요. 그래서 힘 있는 만큼 일해서 모아 저축하고 국민연금도 꼬박꼬박 넣고 있어요.

일하고 사랑하며 함께 늙어갈 이웃

대한민국은 1990년대 초반에 '외국인 산업기술 연수생 제도'를 운영하면서 본격적으로 이주노동자를 받아들이기 시작했어요. 이 제도는 연수생들을 매우 부당하게 대우한다는 이유로 큰 비판을 받다가 폐지되었어요. 2003년 '외국인근로자의 고용 등에 관한 법률'을 제정하면서 '외국인근로자 고용허가제'를 운영하고 있는데, 이 또한 이주노동자를 차별하는 내용을 상당히 담고 있어서 문제가 되고 있죠. (137쪽 참고 우다야 라이 편)

이 두 제도에는 한 가지 공통점이 있어요. 이주노동자에게 정해진 계약 기간만큼만 일하고 돌아가도록 요구한다는 점이에요. 애초에 정착해 살지 못하도록 제도를 설계한 것이죠. 처음 제도가 운영된 후 30년 가까운 시간이 지났음에도 정착해서 살고 있는 이들이 별로 없는 이유가 바로 여기 있어요. 시민 대다수가 '이주노동자는 잠깐 일하고 떠날 사람'이라 여기는 것도 같은 이유지요. 그러나 앞으로는 이런 방식을 계속 유지하기 어려울 것으로 보입니다.

대한민국은 인구감소 문제를 해결하지 못하면 향후 나라를 유지하기 힘들다는 경고를 받고 있어요. 그래서 제시되는 해결 방안 중 하나가 외국에서 나고 자란 사람을 초대하는 '이민'입니다. 계약 기간을 채웠으니 빨리 나가라고 밀어내는 것이 아니라, 평생을 함께 살며 일하고 사랑하고 늙어가자고 정중하게 이주민을 초대해야 합니다. 조니 씨처럼 미리 정착 단계를 밟은 이주민들이 있었기에, 이민 정책을 어떻게 설계하고 무엇을 준비해야 하는지 배울 수 있었어요. 고마운 마음으로 그 의견을 잘 참고해서, 노동과 결혼, 자녀 출산과 양육, 가족 초청, 영주권 취득이나 귀화, 노후 준비 등 생애를 아우르는 모든 단계에서 이주민이 행복할 수 있도록 제도를 만들어야죠. 그래야 우리 사회 모든 구성원들이 다 같이 행복할 수 있어요.

서아프리카에서 온 '젤리', 나는 평화를 만드는 사람입니다

음악가이자 마음 치유사 아미두 디아바테

아미두 디아바테는 부르키나파소에서 온 음악가이자 마음 치유사이다.
공연에 혼신의 힘을 쏟는 한편, 부천 '송내동 청소년 문화의집(나래)'에서
서아프리카 음악과 문화를 가르친다.

나는 평화를 만드는 젤리입니다

✻

화나고 슬픈가요? 자, 나와 발라폰의 대화에 귀 기울여봐
요. 투명하고 경쾌한 발라폰 소리가 그대 안의 폭풍을 잠재우고
신비한 치유의 바람을 불어넣어줄 거예요. 그래요, 이제 미소 짓
는군요. 그대 마음에 행복과 평화를 드리는 나는 '젤리'입니다.

내가 태어나고 자란 오로다라는 서아프리카 부르키나파소의 작
은 마을이죠. 우리나라에는 63개 말을 쓰는 63개 종족이 있어요.
나는 그중에서 소수 종족인 시아무족이죠. 우리 집안은 대대로 시

아무족의 젤리예요. 내가 73대 젤리니까 우리 집안이 2,000년 가까이 젤리로 살아온 것입니다. 젤리는 시인이자 영혼을 달래는 음악가이고, 갈등을 잠재우는 중재자이자, 우화와 속담으로 인생의 가르침을 전하고, 노래와 이야기로 수천 년의 역사를 전하는 사람입니다. 젤리를 영어와 프랑스어로는 '그리오'라 부릅니다. 우리 음악은 사람들 삶에 특별한 에너지를 불어넣어요. 상처받은 마음을 어루만지고 마음과 마음을 이어줍니다. 내가 태어나던 날, 아버지는 온 정성을 기울여 발라폰을 연주했대요. 그렇게 아버지의 영혼과 음악적 재능이 나에게 스며들었어요.

아버지는 프랑스 식민통치 시절에 태어나서, 프랑스가 우리말과 문화를 빼앗은 것에 크게 분노하며 살았어요. 우리는 프랑스와 싸워가며 지금까지 버텨왔지만 이미 너무 많은 것을 잃었어요. 무엇보다 큰 문제는 프랑스가 젤리를 없애려 했던 것이었어요. 사람들에게 역사를 전하고 인생의 지혜를 전하는 일은 학교가 가져갔어요. 경찰서와 법원이 모든 갈등을 잡아채고 처벌했어요. 젤리가 나서서 중재할 수도 없도록 사람들 관계를 무너뜨렸어요. 프랑스에서 독립한 뒤에도 프랑스어가 공식 언어로 남았죠.

아버지는 우리 형제들을 학교에 보내지 않았어요. 프랑스 말과 문화를 가르치는 학교는 젤리에게 배움을 줄 수 없다며 아들딸을 아버지가 직접 가르치셨죠. 나는 아버지와 형들에게 음악과 역사를 배우고 옳고 그름과 세상 이치를 배웠어요. 다섯 살 때부터 아버지를 따라다니며 마을의 희로애락을 함께했어요.

마을에서 농사일을 할 때는 음악으로 힘을 주고, 일주일 내내 이어지는 결혼식에서 행복을 연주하고, 누군가 돌아가시면 가신 이가 행한 좋은 일을 노래로 불러 자손들에게 자긍심을 줬어요. 아기가 태어나면 축하 음악을 연주하고, 결혼하고 싶은 청년들을 위해 양가를 오가며 중매도 섰답니다. 누군가 죽자 살자 싸우고 있으면 다독이는 말과 연주로 싸움을 멈추게 했어요. 싸우던 이들은 "젤리가 없었으면 널 죽였을 거야" 하고 웃으며 헤어졌어요. 그만큼 서아프리카에서 젤리는 없어서는 안 될 존재죠.

나는 젤리가 계속 이어지도록 고향에 젤리 아이들을 위한 학교 '띠아모뇽'(내가 좋아하는 것을 찾아간다는 뜻)을 만들었어요. 내 친구와 가족들이 아이들에게 음악과 춤, 그리고 전통의 가치를 가르쳐요. 나는 뮤배(나래의 관장)와 함께 운영비를 지원하고요. 고향과 한국에서 아이들을 가르칠 때 정말 행복해요. 이 두 곳에 젤리 음악학교를 만드는 것이 내 꿈이죠.

왜 내 삶을 왜곡하나요

✳

나는 시아무족의 시암어를 해요. 우리에겐 글자가 없어요. 아버지는 시암 문자를 만들고자 하셨는데, 진전을 보지는 못했어요. 프랑스어를 언제 배우기 시작했는지는 잘 기억나지 않아요. 딱히 배우고 싶었던 적은 없었는데 살다 보니 어떻게 하게 됐어요. 내가 열세 살 땐가 아버지에게 발라폰을 사러 온 프랑스 아저씨가 있었어요. 발라폰 연주를 기가 막히게 하는 조그만 녀석을 유심히 바라보더니 자기한테 가르쳐달래요. 나는 아저씨와 대여섯 시간 같이 발라폰을 연주하고 마을을 구경시켜줬죠. 아저씨가 이게 뭐니, 저게 뭐니 물어대고, 나는 시암어에 프랑스어 단어 몇 개 섞어가며 열심히 알려줬던 기억이 나요.

발라폰은 길이가 다른 나무를 가죽으로 나란히 묶고 아래쪽에 조롱박을 달아 소리가 울리게 하는 악기예요. 실로폰과 비슷한 모양이죠. 발라폰은 서아프리카 사람들의 삶을 행복하게 만드는 비결이라 할 수 있어요. 마림바, 실로폰, 피아노 같은 서양 악기가 아프리카 악기에서 비롯된 것이라는 말도 있어요. 기록을 찾을 수 없으니 크게 주장하지는 않지만 우리끼리는 당연히 그럴 거라고 생각해요. 지금도 우리는 악보가 없어요. 사람이 사람에게 가르쳐서 후대에 전하고 있어요.

나는 한국이라는 나라를 전혀 모르다가 얼결에 오게 됐어요. 경기도 포천에 있는 아프리카 예술 박물관에서 우리 마을에 공연자를 물색하러 왔을 때, 우연히 오디션을 봤다가 계약까지 하게 됐어요. 월급 600달러(한화 66만 8,000원), 하루 식비 2,500원. 처음에 열 명이 같이 오고, 다음에 열 명가량 더 왔어요. 2012년 일입니다. 올 때는 아무것도 모르고 신나서 왔는데 정말 놀라운 일을 겪었어요. 와서 보니 한국은 물가가 너무 비싸 600달러로는 절대 살지 못할 나라였어요. 그 돈은 한국 최저임금의 절반밖에 안 된다는 것도 나중에 들었어요. 우리 공연자들은 박물관에서 제공한 곰팡이 핀 숙소에 살며 썩은 쌀을 먹어야 했어요. 계약을 위반한 박물관과 노동 조건을 협상해보려 했지만 쉽게 달라지지 않았어요. 일부가 못 견디고 뛰쳐나가자 박물관 쪽은 기다렸다는 듯이 남은 사람들 여권을 빼앗아 갔죠. 우리는 한국 인권단체와 힘을 합쳐 싸웠고 결국 사과와 함께 못 받은 임금을 받아냈어요. 단원들과 함께 고향으로 돌아갔는데 한국이 자꾸 생각났어요. 박물관에 콕 박혀 지내느라 한국을 제대로 보지 못한 것이 속상했어요.

박물관에 같이 갔던 형과 둘이 다시 한국에 왔어요. 형의 제안으로 쿨레칸(뿌리의 외침이라는 뜻) 팀을 만들어 활동하며 한국을 새롭게 경험했어요. 좋은 사람들도 만났어요. 아내도 그렇고, 지금 같이 일하는 뮤배도 그렇고요. 박물관은 나에게 나쁜 일을 했지만 한편으로는 고맙기도 해요. 한국에 오게 된 것은 어쨌든 박물관 때문이고, 그 덕분에 새로운 가족을 만나고 내 아들도 만났으니까요.

한국과 내 고향은 많은 부분에서 달라요. 특히 가족 관계가 그래요. 고향에는 가족이 많아요. 아무리 많아도 아침에 일어나서 일일이 인사해요. 누가 며칠 안 보이면 걱정하고 안부를 묻죠. 다 연결되어 있어요. 그런데 한국은 많지 않은 가족인데도 서로 연결되어 있지 않아요. 혼자 사는 게 편해 보여요. 한국인과 가족을 이루어 한국에서 살고 있으니 나는 한국 방식을 존중하고 따르려고 하지만 쉽지 않아요. 양육 방식도 상당히 달라요. 나는 되도록 아이가 스스로 할 수 있게 가르치고 싶어요. 무엇이든 어려서부터 직접 해보며 익히게 하고 싶어요. 나는 발라폰이나 젬베 만드는 법을 어릴 적에 아버지와 형들을 따라 하며 배웠어요. 가족이나 공동체에서 삶에 필요한 여러 기술이나 지식을 서로 가르쳐주고 따라 익히며 협력을 배웠죠. 나 역시 내가 하는 일을 아이가 따라 하며 배우도록 하고 싶어요. 그러면서 아이가 나를 아빠로 알고 존중하도록 말이죠. 그러나 아내는 좀 달라요. 아이를 사랑하는 마음에 하나부터 열까지 다 해주려고 해요. 나는 걱정이에요. 아이에게 배움의 기회를 줘야 하지 않을까. 자립적이고 다른 사람들과 협력할 줄 아는 사람으로 키워야 하지 않을까.

지금 미디어에 내 이야기를 하고 있지만 사실 나는 미디어가

불편해요. 자기들 입맛대로 내 삶을 왜곡하니까요. 전에 한 방송
에 나간 적이 있었는데, 그들은 나를 가족 생계도 책임지지 못하
는 무능력한 사람으로 만들어놓았어요. 이삿짐센터에 아르바이
트 가는 시늉을 하래서, 나는 영문도 모르고 따랐죠. 나중에 방송
을 보니, 돈벌이 못 해서 전전긍긍하던 내가 한국인 도움으로 일
거리 찾아 사람 노릇을 하는 것처럼 나오는 거예요. 황당했어요.
나 정말 그런 사람 아닙니다. 무슨 이익이 있다고 외국인을 그렇
게 무능하고 불쌍한 사람으로 만드는 겁니까. 오죽했으면 길에서
만난 할머니가 나한테 2만 원을 주십니다. 불쌍하대요. 열심히 살
래요. 아픈 마음을 말로 다 표현할 수 없어요.

하지만 방송에 항의하지 않았어요. 젤리는 분쟁을 만드는 사람이 아니라 치유하는 사람이니까요. 어릴 적, 아버지는 친구랑 싸우는 나에게 가르침을 주셨어요. 아미두, 젤리는 평화를 만드는 사람이란다. 우리는 이웃을 기쁘고 행복하게 만드는 사람이야, 아픈 사람 낫게 하는 사람이다. 우리는 사람을 위해 기도해야 한다. 그러니까 싸우지 마라.

나는 그 말씀을 새기며 젤리로 자랐어요. 닫혀 있는 한국인들 마음에 다가갈 때도 '젤리는 평화를 만드는 사람'이라는 말을 생각해요. 더 여유 있게 말하려고 노력하고 먼저 다가가려 애써요. 물론 노력한다고 다 되는 것은 아니었어요.

맘 편히 해주는 게 제일이에요

❄

한국인들은 내 모습을 무척 낯설어해요. 커피숍에서 나와 마주친 사람이 흐억! 하고 놀랍니다. 나는 더 놀랐죠. 하지만 이내 침착하게 말했어요. "그런 거 하지 마요. 나 사자 아니에요. 커피숍에 사자는 절대 못 와요." 지하철에 탔는데 안에 있던 사람이 또 헉! 하고 놀라요. "저기요, 여기 지하철이잖아요. 뱀은 지하철 타러 못 와요. 뱀이라도 만난 것처럼 그렇게 놀라면 나도 놀라잖아요.

그러지 마요." 나에게 음악 배우는 아이들이 나를 무척 좋아해요. 매달리고 올라타고 난리도 아니죠. 그 아이들이 길에서 나를 보고 좋아서 달려오면 부모가 앞을 가로막아요. 아이는 시무룩해지죠. 부모님한테 부탁하고 싶어요. 그러지 마요. 아이가 슬퍼하잖아요.

밤늦게 공연 마치고 나오면 발라폰에 젬베에 짐이 많은데 택시가 안 태워줍니다. 나를 무서워하는 걸까요? 최악의 경험이라면 역시 지하철이죠. 빈자리에 내가 앉으면 옆자리 사람이 벌떡 일어나서 다른 데로 가버려요. 나한테 냄새가 나나 싶어 킁킁거려보지만 그게 아니었어요. 그냥 내가 싫은가 봐요. 너무 마음 아팠어요. 나는 애니멀 아니고 사람이잖아요. 나는 슬픔과 분노를 다 가슴에 담아요. 나는 좋은 말을 해줘야 하는 젤리지만, 이런 일을 겪으면 나 역시 상처받아요. 그럴 때면 조용히 악기를 연주합니다. 내 마음을 가만가만 위로하죠.

외국인한테 뭐 도움을 준다고 하는데, 물건 주는 게 도와주는 거 아니에요. 마음 편하게 해주는 게 최고예요. 우리는 다 사람이 잖아요. 블랙, 화이트, 옐로, 그런 색깔이 다 무슨 상관이랍니까. 세상에 나만 있는 것이 아니라는 것을 알아야 해요. 옆 사람이 조금 낯설어도, 조금 불편해도 서로 참아주면 어떨까요.

그럼요, 인생 쉽지 않죠. 그럴수록 서로 받아들이고 나누고 살면 더 행복할 수 있어요. 나도 힘 보탤게요. 마음 아픈 일 있나요?

그럼 젤리를 찾아오세요. 어서요!

평화를 만드는 젤리도 인종차별은 힘들어요

'인종차별은 피부색과 외모 등 생물학적 차이에 의한 차별'이라고 단순하게 이해하고 있는 경우가 많아요. 그러나 실제 현상은 달리 나타납니다. 기존 '인종'의 범주에 국적, 언어와 종교를 비롯한 문화적 배경, 출신국의 경제적 상황 같은 것들이 포함되어 복잡한 양상을 띠고 있어요. 피부색이나 외모 면에서 별 차이가 없는 아시아인, 중국동포와 고려인에 대한 차별, 북한이탈주민에 대한 낙인과 배제 현상이 그렇죠.

외모가 다르지 않고 언어와 문화면에서 차이가 없는 국제결혼가정의 자녀도 '다문화'라는 낙인 속에 위축되기 일쑤입니다. 이주민들은 직장에서 임금, 작업 배치와 승진에서 차별을 당하기도 하고, 개인적 관계에서도 차별을 경험해요. 생활 속에서 조롱과 비하, 따돌림, 혹은 투명 인간 취급이나 아무것도 모르는 어린아이 취급을 받기도 합니다. 상점에서 물건을 사는 과정에서 무시당하거나 식당이나 목욕탕 같은 대중이용 시설에서 입장을 거부 당하기도 하고요. 이 모든 것이 인종차별에 해당합니다.

또 유엔 인종차별철폐위원회는 한국 정부에, 고용허가제 노동자에 대해 사업장 변경을 제한하고 가족결합을 불허하는 점, 근로기준법 일부가 농·축·어업 분야에 적용되지 않아 그 분야 이주노동자의 근로조건이 열악한 점, 난민인정률이 극도로 낮은 점, 미등록 이주민을 폭력적으로 단속하여 이주민들이 부상당하거나 사망하는 일이 발생하는 점, '불법체류자'와 같은 비하 용어를 사용하여 이주민에 대한 부정적인 인식과 차별을 확산시키는 점 등에 대해 우려하고 시정을 권고했어요.

이처럼 우리 삶을 둘러싼 모든 일에서 차별이 발생하고 있어요. 차별을 없애려면 사회 전체가 달라져야 해요. 복잡하고 힘들어 보이지만 차근차근 같이 노력하면 나아질 수 있어요. 법과 제도에 의한 차별을 찾아내 시정하고, 차별에 대한 교육과 홍보에 힘써야 해요. 무엇이 차별이고 시정하기 위해 필요한 것이 무엇인지를 담은 법률도 필요하죠. 가장 먼저 해야 할 일은 '포괄적 차별금지법'을 만들고 차별에 대한 사회적 성찰을 공식적으로 시작하는 것이겠지요.

내 이름은 거례사래미,
저센사래미, 뿌리 찾는 '고려인'
원고려인문화원 원장 차이고리

원고려인문화원의 차이고리 원장은 연안 차씨로 우즈베키스탄 국적자이다.
그의 할아버지는 조선에서 연해주로, 아버지는 연해주에서
우즈베키스탄으로, 그는 우즈베키스탄에서 대한민국으로 이주했다.
이주자의 삶을 산 덕분에 어려서부터 '뿌리'에 대한 생각이 깊었던 그는
뿌리가 있는 이곳에 둥지를 틀고자 한다.
그러나 조국의 품은 너무도 아득하다.

졸지에 아버지 이름이 내 이름 속으로

＊

'외국국적동포 국내거소신고증'이라는 것이 있어요. 한국
정부가 나 같은 외국 국적을 가진 동포한테 주는 신분증입니다.
나는 최근 졸지에 거소신고증을 새로 만들어야 했어요. 작년 말
에 우즈베키스탄 정부가 신분증 제도를 바꾸면서 새 여권을 발급
했거든요. 여권이 바뀐 외국인은 한국 출입국·외국인청에 여권
정보 변경신고를 해야 합니다. 온 가족이 손잡고 신고하러 갔더니
대뜸 거소신고증을 다시 만들어야 한대요. 재발급 비용이 하나당

3만 원인데, 우리 네 식구 것을 합하면 그 돈은 또 얼마겠어요. 재발급 안 한다고 하니, 그러면 문제가 생길 수 있다며 겁을 주더라고요. 어쩔 수 없이 새로 받았어요. 그런데 아뿔싸, 새 거소신고증에는 내 이름 뒤에 아버지 이름이 잇따라 쓰여 있는 게 아닙니까! 마치 내 이름이 두 배로 길어진 것처럼 말이죠. 새로 받은 여권에 전에 없던 아버지 성명 기재란이 생겨서 신기하게 생각했는데, 거소신고증에는 아버지 이름이 마치 내 이름처럼 적혀 있는 겁니다. 아버지를 사랑하고 존경하니 이름자라도 자주 뵙는 것이 좋기는 하지만, 황당한 이유로 내 이름이 달라진 것은 이해할 수 없는 일입니다. 출입국·외국인청에 문의했더니, 여권 앞 장에 본인 이름만 기재하기로 국제적으로 약속했고, 그것을 컴퓨터로 읽어 그대로 거소신고증에 기록한 것이므로 수정해줄 수 없다고 합니다. 컴퓨터가 어찌 작동되는 것인지 잘 모르니 더 따지기 힘들었는데, 암튼 무척 어처구니없는 일이 일어난 겁니다. 졸지에 이름이 바뀐 나는 운전면허증을 바꿔야 하고 은행 계좌와 카드 명의도 다 바꿔야 합니다. 자격증, 계약서 같은 서류도 내 것임을 증명하려면 싹 다 고쳐야 합니다. 우리는 이런 비상식적인 일도 말없이 받아들여야 하는 사람들입니다. 왜냐고요? 우리는 외국인이니까요!

나는 우즈베키스탄공화국 타슈켄트에서 왔습니다. 함경도 출신인 할아버지는 구한말 고향을 떠나 연해주로 이주하셨어요. 아버지는 여덟 살이던 1937년에 조부모님과 함께 우즈베키스탄으로 강제 이주를 당해서 코칸트 지역에 정착했다가 후에 타슈켄트로 옮겨 가 나를 낳으셨어요. 친척들이 하는 "아즈바이_{작은아버지}", "맏아바이_{큰아버지}" 같은 함경도 말을 들으며 자랐지만, 내 모어는 러시아어입니다. 우즈베키스탄 독립 후 민족어 학습이 허용되면서 학교 동아리에서 고려인 할머니한테 조선어를 배울 수 있었어요. 그때가 88올림픽이 열린 바로 뒤라 우리 조국이 대단하다는 자부심이 높아질 때였지요. 고등학생 때 집 근처에 생긴 한국교육원에서 한국어를 본격적으로 배우기 시작했어요. 사범대 다닐 때는 동포 초청 연수 프로그램에 참석하느라 처음 한국을 방문했지요. 학교를 졸업하고 타슈켄트에 있는 한국어학원에서 고려인들에게 한국어를 가르쳤어요. 그 뒤로 두 번 한국에 와서 이런저런 일을 했고, 4년 전 동포비자를 받아서 가족과 함께 왔어요.

손짓하는 이 없는 고려인

❋

고려인이라는 명칭은 한국 사람들한테 처음 들었어요. 우리는 스스로를 거례사래미_{고려사람}나 저센사래미_{조선사람}라고 칭했고, 러시아 사람들은 우리를 '까레이쯔'라고 불렀는데, 한국에 오니 '고려인'이라고 부릅니다. 어떤 사람은 '카레이스키'라 부르기도 하던데, 뭐 다 자기들 부르고 싶은 대로 부르는 거지요. 뭐라고 불러도 상관없지만, 꼭 말하고 싶은 한 가지는 고려인은 '한민족'이라는 것입니다. 우리가 뭔가 도움을 요청하면 어떤 한국인은 "너 외국인이잖아!"라고 합니다. 우리가 '한민족'이라는 사실을 일부러 외면하고 이렇게 갈라내면 마음 아픕니다. 우즈베키스탄에서도 민족이 다르다는 이유로 숱하게 따돌림당했는데 말입니다.

소련이 망가지고 15개 독립국가가 생겼는데, 나라마다 자민족 중심주의가 무척 강해졌어요. 우즈베키스탄공화국도 우즈베크족을 중심으로 재편됐습니다. 공용어를 러시아어에서 우즈베크어로 바꿨어요. 우리가 설 자리는 점점 줄어들었어요. 먹고살기 힘들어지고 미래를 보장받을 수 없어 불안해졌습니다. 궁리 끝에 연해주로 되돌아간 사람도 있고, 거기서도 받아주지 않아 발을 동동거리는 사람도 있어요. 고려인은 어디론가 또 떠나야 합니다. 그러나 아무리 둘러봐도 오라고 손짓하는 곳은 없습니다.

나는 어릴 때 우즈베크 아이들에게 '냄새나는 김치 먹는 놈', '된장 처먹는 놈'이라고 놀림받았어요. 어른들께는 역사 잊어버리면 너는 거레사래미도 아니라는 말을 들으며 자랐습니다. 사범대에서 러시아어와 한국어를 전공했어요. 고려인문화협회 소속 청년회 '화랑'의 부회장으로 일했고, 탈춤을 배워 명절이나 행사 때

마다 공연했어요. 그러면서 마음속에서 민족 개념이 점점 깊어졌어요.

가족과 함께 와서 자리 잡은 곳이 인천 연수구 함박마을입니다. 이 지역 집세가 좀 싸거든요. 내가 오기 전에도 고려인들이 살고 있었는데, 그 뒤로 꽤 늘어서 지금은 4,000명 정도 되나 봅니다. 사람이 많아지니 지역에 러시아 음식점, 고려인 상점, 고려인 문화원이 여럿 생겼어요. 내가 일하는 원고려인문화원은 2020년에 문을 열었어요. 고려인에게 한국어, 한국 문화와 역사를 가르쳐요. 부모를 따라온 고려인 아이들이 무척 많아요. 대부분 한국 공립학교에 다니는데, 한국말을 못해서 공부를 잘 못 따라갑니다. 그래서 우리 문화원에서 방과 후 학습 보조를 해줍니다. 고려인 교사들이 러시아어로 한국어, 영어, 수학, 사회를 가르치고 심리 상담을 합니다. 아이들이 학교에서 말을 몰라 이해하지 못했던 것을 여기 와서 물어봐요. 여기서는 말이 통하니까 아이들이 의지하고 답답한 마음을 털어놓습니다. 우리가 능력이 좋아 무료로 운영하면 좋은데, 그게 안 되니 부모들한테 돈을 좀 받고 있어요. 정말 미안하죠. 너무 빠듯해서 아이들한테 밥도 간식도 못 먹여요. 거의 매일 와서 고생하는 교사들에게 교통비밖에 못 줍니다. 교사 중에는 공장에서 일 마치고 가르치러 오는 이도 있어요. 대부분은 서너 군데에서 일해 번 자투리 돈을 모아 월세 내고 입에 풀칠하며 삽니다. 나도 여기와 안산 두 군데에서 한국어를 가르치며 간신히 버팁니다. 그래도 우선 가장 중요한 것은 아이들입니다. 아이들을 잘 가르치는 일이 제일 중요하다는 생각으로 고생길을 택한 사람들입니다. 우리는 아이들이 더 이상 떠돌지 않고 여기서 잘 정착하면 좋겠다고 생각합니다.

이런 고충을 이야기하니 누군가 지역아동센터를 운영해보라고 알려줍니다. 알아보니 사회복지사 자격증이 있어야 지역아동센터 교사가 될 수 있다고 해요. 우리 교사들은 다 전문성을 가진 사람들이지만, 한국 사회복지사 자격증 같은 것은 없어요. 그렇다고 한국 사회복지사들이 러시아어를 할 줄 알아서 우리 아이들을 돌볼 수 있는 것도 아니죠. 참 난감합니다. 아이들이 공립학교에 들어가기 전에 집중적으로 한국어를 가르치는 대안학교를 운영하면 어떨까 싶은데, 그 또한 막대하게 들어갈 예산을 마련할 방법이 없어서 생각만 하다 말았어요. 우리 교사들 전문성을 인정해주고 대안학교나 방과 후 학교를 운영할 수 있도록 지원해주면 좋겠어요. 어른들도 한국어 배우는 것이 큰 문제예요. 한국어 모르면 일하다 다치거나 죽을 수도 있어요. 그렇다고 무조건 한국어를 배워야 한다고 강요하면 그것도 곤란해요. 먹고사느라 시간을 내기 어렵거든요. 내가 안산에서 가르치는 성인반은 밤 9시에 시작해요. 낮에 공부하기 어려운 사람들을 위한 겁니다. 이렇게 우리 형편에 맞게 프로그램을 준비해주면 좋겠어요.

고려인의 환갑잔치가 거창한 까닭

✵

우리가 생일잔치, 환갑잔치 하는 것을 보고 한국인들이 놀라요. 뭐 그리 거창하냐면서 웃습니다. 또 한식과 단오, 추석 제사가 왜 그리 중요하냐고 물어요. 조선 문화를 잘 계승해왔다고 자부하던 우리 문화가, 본토인 한국에서는 이상하게 보이나 봅니다. 우리에게 생일이나 환갑이 왜 이토록 중요한가 생각해봤어요. 그것은 아마 강제로 흩뿌려진 채 고난을 헤치며 생명을 지켜온 우리 특성 때문이 아닐까 합니다. 죽지 않고 살아남아 첫돌과 환갑을 맞은 것이 더없이 기뻤던 것이겠지요. 민족 명절을 잘 지켜야 부끄럽지 않은 한인이라는 생각이 강했던 것이겠지요. 가족과 친척이 모일 기회가 있으면 풍족하게 나누려 애씁니다. 이런 모임은 아이들을 교육하는 기회이기도 해요. 이기적인 사람이 아니라 공동체를 중요하게 여기는 사람으로 자라도록 말입니다. 할아버지 아버지들은 콜호스_{집단 농장}에 모여 살았던 덕분에 민족문화를 잘 유지할 수 있었던 것 같아요. 그런데 이제는 도시로 옮겨 간 이들도 많고, 또다시 뿔뿔이 흩어지고 있으니 애써 노력하지 않으면 그간 지켜온 문화를 다 잊게 될지도 모릅니다. 그래서 아이들에게 우리 것을 하나라도 더 전하려고 안간힘을 쓰고 있어요. 우리 민족끼리 서로 믿고 도와야 한다고 가르칩니다.

고려인 자랑도 좀 하겠습니다. 강제 이주 때 스탈린은 고려인을 기차에 태우고 40일을 달려서 중앙아시아 황무지에 내려놨어요. 기차에 탔던 아이들 중 절반 이상이 죽었을 만큼 끔찍하고 고통스러운 이동이었다고 합니다. 그렇게 버려졌어도 살아남은 것이 우리 민족입니다. 어른들은 허허벌판에 땅굴을 파고 살며 콜호스를 일궜어요. 얼마나 열성을 바쳤는지 '고려인은 농사의 귀재'라는 말이 생길 정도였습니다. 콜호스는 생산만이 아니라 일상생활, 교육과 문화 활동을 같이 했던 단위예요. 결속과 책임이 강한 집단이지요. '사회주의 노동영웅'도 여럿 나왔는데, 김병화 선생님은 두 번이나 노동영웅이 됐어요. '김병화 콜호스'는 소련 최고 모범 농장으로 각지에서 다 견학 올 만큼 참으로 대단했습니다. 또 독립투쟁의 선봉에 섰던 홍범도 장군님 이야기도 빼놓을 수 없지요. 대한민국이 지금 모습으로 발전하기까지 목숨 바쳐 헌신한 고려인이 많다는 것을 꼭 기억해주셨으면 좋겠어요. 고려인은 이런 자긍심을 지키고자 합니다.

원불교가 운영하는 우리 문화원은 고려인을 존중하며 활동 방식을 정합니다. 한식날 제사 지낸 이야기 들어보시겠어요? 원불교는 원래 제사상에 음식이 아니라 꽃만 올린답니다. 고려인 눈에는 아주 이상해 보이죠. 그래서 제사상을 두 가지로 차렸어요. 하나는 꽃을 올린 원불교식 제사상, 하나는 음식을 올린 고려인식 제사상입니다. 고려인도 술을 허용하지 않는 원불교 문화를 존중해서 술이 아니라 차로 제사를 지냈어요. 서로 종교를 권유하는 일도 일절 없어요. 소수민족으로 살다가 내 민족이 있는 한국에 와서도 특이한 소수자 그룹이 된 우리 입장을 이해하고, 3대를 거치며 형성된 정체성과 문화를 소중하게 대해주니 아주 고마운 일입니다.

이제 콜호스 시대는 갔습니다. 우리는 또 어딘가에 자리 잡고 살아내야 해요. 한국도 우리 노동력이 필요한 거 아닙니까. 우리가 좋은 시민이 되고자 준비하고 있다는 것을 잊지 마시기 바랍니다.

대한민국 역사의 한 축, 고려인

1864년 함경도에 살던 조선인 65명이 두만강을 건너 러시아령 남우수리스크 지역으로 이주해서 마을을 만들었어요. 10여 년 뒤에는 수천 명, 여러 마을로 늘어났다고 합니다. 1884년 조선과 러시아가 국교를 수립하면서 이때까지 거주하던 한인들은 러시아 국적을 받았어요. 한인들은 러시아 극동지역을 떠나 상트페테르부르크, 중앙아시아로도 삶의 터전을 넓혀갔어요. 한인들은 농사를 비롯한 생업에 종사하면서 학교를 세우고 문화예술 활동을 펼치는 한편, 의병조직을 만들어 일본에 맞서고 독립운동을 벌였어요.

1917년 러시아 혁명이 일어나면서 사회주의 국가 소련이 탄생했어요. 스탈린 집권 시기에 악명 높은 소수민족 탄압 정책을 시행했는데, 극동지역에 거주하던 한인들에게 중앙아시아 지역으로 옮겨 가라고 강제 이주 명령을 내렸어요. 고려인들은 우즈베키스탄과 카자흐스탄 등이 있는 중앙아시아로 쫓겨 가 주로 콜호스, 국영 농장에 배치되었어요. 살아내기 위해 열정적이었던 고려인들은 콜호스에서 뛰어난 역량을 발휘하여 우수 민족으로 인정받았고, 그중 209명은 '사회주의 노동영웅' 칭호를 받기도 했죠. '사회주의 노동영웅'은 사회주의 국가였던 소련이 경제, 과학, 문화 발전에 기여하여 국력을 높이거나, 특정 산업 분야에서 뛰어난 업적을 이룬 우수 노동자에게 주는 명예로운 칭호와 훈장이에요. 이 시기 고려인들은 러시아어를 할 줄 알아야만 국가와 사회에서 지위를 인정받을 수 있었어요. 이 과정에서 러시아어가 고려인의 모어로 자리 잡게 됩니다.

스탈린 사후에는 고려인을 포함한 소련 내 한인들에게 거주 이전의 자유가 보장되었고 정치적 복권도 이루어졌어요. 1991년 소련이 해체되고 15개 공화국으로 분리 독립하면서 고려인들에게 또 시련이 닥쳤어요. 각 공화국은 저마다 자본주의 체제를 도입했고 민족적 특성을 되찾으며 공용어를 민족어로 바꿨어요. 러시아어를 모어로 하는 고려인들은 새로운 체제 속에서 새로운 언어를 익혀야 하는 어려움을 감내하고 있어요. 그중 일부는 삶과 일자리를 찾아 대한민국으로 다시 이주해 오고 있고요. 현재 전체 고려인 규모는 약 50만 명이고, 한국에는 약 8만 명이 살고 있어요. 고려인들은 고난을 이겨내고 삶을 일궈낸 담대한 이들이며, 존중받아 마땅한 대한민국 역사의 한 축입니다.

난민 취재하던 내가 난민이…
다시 기사를 써보려 합니다

난민이 된 이집트 기자 샤이마

시리아 난민에 대한 기사를 쓰던 이집트 기자 샤이마는,
지금은 자신이 난민이 되어 대한민국을 겪고 있다.
쿠데타 정권의 탄압을 피해 나라를 떠난 지 3년,
삶과 미래에 대한 고민은 깊고 막막하다.

난민 취재하던 내가 난민이 되다

✳

우리 가족이 어쩌다 한국에 오게 되었는지 이야기하자면 좀 길어요. 이집트 시민들은 2011년 혁명으로 30년간 이어진 독재정권을 몰아내고 민간 정부를 세웠지만, 2013년 군부가 쿠데타를 일으킵니다. 인권 상황은 극한으로 치닫고 수많은 사람이 실종되고 살해당하는 일이 벌어졌어요. 특히 2013년 8월 14일은 참혹했어요. 이날 카이로 라바아 광장에서 쿠데타에 항의하던 시민들을 향해 군부가 발포하여 1,000명 가까이 희생되었습니다. 당시

나는 진보 언론사《라스드RNN, Rassd News Network》에서 기자로 일하고 있었는데, 내 동료들도 많이 죽고 다쳤어요.《라스드》는 군부에 의해 강제 폐간되었고 나는 동료들과 함께 숨어서 일했어요. 그 뒤로 소속되었던 두 언론사도 역시 폐간되고 동료들이 잡혀갔어요. 언론의 자유는 다 무너지고 무지한 검열과 처벌이 이어져 지금까지 1,500명도 넘는 언론인이 체포당했어요.

일할 곳이 없어지면서 나는 집에서 기사를 썼어요. 인권운동을 하던 남편도 운동을 이어갈 수 없자 함께 취재하고 기사를 썼습니다. 감시가 심해져 우리는 여행이 금지된 지역으로 옮겨 다니며 활동을 계속했어요. 안전을 위해 기사에 우리 이름도 넣지 못했죠. 각 지역으로 숨어든 기자들은 조심스럽게 연락하며 정보를 교환하고 서로 안부를 챙겼어요. 그러던 중 우리에게 체포 명령이 떨어졌다는 소식을 들었어요. 이집트 내에서는 더 이상 갈 곳이 없었어요. 외국으로 가자, 우리는 급히 결정했어요. 하지만 어느 나라로 가야 할지 알 수 없었어요. 외국 공관을 찾아가 비자를 신청할 형편도 아니었죠. 비자 없이 갈 수 있는 나라, 네팔을 선택했어요. 어린 딸을 데리고 이집트를 떠나는 마음이 찢어질 듯 아팠어요. 내게는 전남편과 사이에 낳은 아들이 있어요. 그 아이도 같이 움직여야 하는데 전남편의 동의를 받을 수 없어 그냥 두고 왔습니다. 비밀스럽게 움직이느라 떠난다는 소식을 누구에게도 알리지 못했어요.

네팔을 거쳐 도착한 한국은 예상 그대로였어요. 눈이 많이 오고 항상 겨울인 나라, 한국. 나는 드라마 〈겨울연가〉를 보며 한국에 대해 알게 되었어요. 가볍게 움직이기 위해 짐을 줄여야 했던 우리는 겨울옷만 몇 벌 챙겨 왔어요. 한국에서는 우선 이 옷으로 버티자. 인천공항에 도착한 우리는 바로 난민 인정 신청을 했어요. 공항에서 며칠 지내며 많은 서류를 작성했어요. 왜 한국에 왔는지, 왜 난민 인정 신청을 하는지 인터뷰도 했어요. 쉽지 않은 시간이었어요. 그때 딸아이가 많이 아파서 열과 설사가 심했어요. 이동 과정에서 뭔가 잘못 먹어 식중독에 걸렸던 듯해요. 그 조그만 몸에서 6킬로그램이나 살이 빠질 만큼 상태가 나빴으니까요. 그때 아이를 병원에 데려가고 싶다고 하니까 관계자가 이렇게 말했어요. "여기 병원비 비싼데, 돈 있으세요?" 아, 그래요. 우리는 돈이 없었어요. 너무나 슬픈 상황이었어요.

서울로 가라는 말에 우리는 짐을 들고 공항을 나섰어요. 문을 나서자마자 훅 밀려드는 열기, 우왓! 여름이잖아! 하하, 그때는 7월이었어요! 공항에서 지낸 며칠간 어찌나 경황이 없었던지 그제야 한국이 여름이라는 것을 알았어요. 서울에서 아이디카드를 받았지만, 우리는 또 어디로 가야 할지 몰랐어요. 길 위에 우두커니 서 있었죠. 우리보다 먼저 한국에 온 동료가 한 센터를 알려줬어요. 센터에서 딸아이와 내가 묵을 무료 숙소는 알려줬지만 남편이 갈 곳은 없다고 했어요. 하룻밤을 길에서 떠돈 남편은, 다음날 센터에 다시 찾아갔대요. 갈 곳이 없는데 여기 앉아만 있어도 될까요? 그곳에 계속 있기 어려웠던 남편은 다시 거리로 나왔대요. SNS로 연락을 주고받으며 남편을 찾아갔던 나는 울음이 복받쳤어요. 남편은 노숙인들이 여기저기 누워 있는 공원 한편에 지친 얼굴로 앉아 있었어요. 나는 전에 이집트에 찾아온 시리아 난민들을 인터뷰해서 기사로 쓴 적이 있어요. 그때는 그 고단하고 슬픈 여정이 바로 내 이야기가 될 거라고는 상상도 하지 못했어요.

3년 동안 난민 심사만 받고 있지만

✻

한국 생활 3년, 그사이 여러 지방을 떠돌며 살았어요. 남편은 일을 구하는 것도 힘들었지만, 그 일자리를 유지하는 것도 무척 힘들었어요. 일자리 알선 브로커에게 돈을 뜯긴 일도 여러 번이고, 못 받은 임금을 받기 위해 노동청에 가기도 했어요. 이집트인이라서, 또 불안정한 체류 자격 때문에 무시당하거나 부당한 처우를 받기도 했어요. 나도 일하고 싶지만 아직 기회가 없었

어요. 한국 회사들은 히잡 쓴 여자를 고용하고 싶어 하지 않나 봐요. 덕분에 한국어 공부할 시간을 얻었으니 열심히 배워 일을 찾고 싶어요.

아이가 자라며 교육 때문에도 걱정이 커요. 서로 다른 언어와 문화 사이에 끼여 혼란스러워하는 아이를 어떻게 잡아줘야 할지 모르겠어요. 아이는 한국어와 한국 문화가 아랍의 모든 것보다 훨씬 더 익숙하죠. 아이가 앞으로 어떤 사고방식을 가지게 될지, 어디에 소속감을 느끼게 될지 모르니 고민입니다. 그렇다고 한국과 아랍이 전혀 다른 별세계는 아닙니다. 현대사회는 빠르게 변화하고 있고 또 대부분의 사회가 서로 닮아가고 있으니 유사한 점도 아주 많아요. 한국어를 잘하게 되면 그런 기사를 쓰고 싶어요. 한국에 살고 있는 아랍인들의 삶, 아랍인들이 직면한 문제, 그리고 아랍에서 온 아이들 교육에 대해서요. 여기서 난민으로 살아가는 이들의 이야기나 한국과 아랍이 서로 이해하는 데 도움이 되는 기사도 쓰고 싶습니다.

몇 개월에 한 번씩 비자를 연장하며 3년 동안 계속 난민 심사만 받고 있는 상황이 기가 막힙니다. 오래 못 본 아들도 너무나 그리워요. 하지만 그래도 용기 내어 삶을 이어가보려 합니다. 다시 기사를 써보려 합니다.

함께 살아갈 이웃, 난민

2021년 8월, 아프가니스탄에서 미군이 철수하고 탈레반 정권이 다시 들어서면서 많은 아프가니스탄 시민들이 탄압을 피해 나라를 탈출했어요. 우리 정부는 아프가니스탄 주재 대사관과 한국 병원 등에서 함께 일했던 이들 79가구 391명을 한국으로 특별 이

송해 왔죠. 이들은 난민이지만, 정부는 '특별기여자'라는 새로운 이름을 부여하고 적극적으로 보호하려 노력했어요. 일부가 반대하기도 했지만 시민들 대다수는 정부에 협력하며 평온하고 따뜻하게 환영했어요. 사회에 아프가니스탄이 처한 현실에 대한 공감대가 형성되었고, 대한민국이 국제사회 문제에 적극적으로 대응하고 협력하는 데 자부심을 느낀다는 이들도 많았어요.

그에 앞서 2018년, 내전을 피해 떠나온 예멘 난민 500여 명이 제주도에 들어와 난민 인정 신청을 했어요. 하지만 정부는 배타적 입장을 취하고 이들이 제주도를 벗어나지 못하도록 막았어요. 난민에 대해 불안을 느낀 시민들은 이루 말할 수 없을 정도로 증오와 혐오를 쏟아냈어요. 가짜 난민, 잠재적 테러리스트라는 비난이 빗발쳤고 이슬람에 대한 혐오도 기승을 부렸어요. 증오가 극에 달해 온 사회가 들끓고 분열되었어요.

2021년의 아프가니스탄인이나 2018년의 예멘인 모두 위험을 피해 자기 나라를 떠나온 난민임에도, 한국 정부는 극과 극으로 이들을 대우했어요. 그 과정에서 중요한 경험을 얻기도 했죠. 정부가 난민을 존중하고 보호하는지, 혹은 외면하고 내치는지에 따라 사회가 통합과 분열이라는 양극을 오간다는 것을요. 난민 정책이 국내 사회통합과 긴밀히 연결된다는 것을 말입니다.

'난민의 지위에 관한 국제협약'은 난민을 '인종, 종교, 국적 또는 특정 사회집단의 구성원 신분 또는 정치적 의견을 이유로 박해받을 우려가 있어 다른 나라에 보호를 요청하는 사람'으로 정하고 있어요. 그 밖에도 전쟁과 가난, 폭력, 기후 변화로 인해 대규모 난민이 발생하고 있으니, 난민의 개념을 확장하고 이들을 보호하기 위해 전 세계가 함께 협력해야 하죠.

터키는 난민 360만 명을, 콜롬비아는 180만 명을 보호 중이라는데, 한국은 1994~2020년 사이 난민 인정 신청을 한 7만 1,042명 중에 1.5퍼센트에 해당하는 1,084명만 난민으로 인정했어요. 2,370명에게는 인도적 체류 허가를 했죠(자료출처: 법무부, 난민인권센터). 한국이 난민에게 얼마나 모질고 박절한지 잘 보여주는 통계죠. 인도적 체류 허가는 난민협약상 난민에 해당되지 않지만, 출신국으로 돌아가면 생명이나 신체의 자유를 침해당할 것이라고 판단되는 이들에게 제공하는 지위예요.

실상을 전하기 위해 숫자를 나열했지만, 난민을 숫자로만 기억해서는 곤란해요. 난민 개개인은 저마다 다른 사정과 상황을 안고 있는 살아 숨 쉬는 사람이니까요. 누구나 그렇듯이 난민에게도 안전한 주거환경과 일자리, 따뜻한 이웃이 필요해요. 아이들은 건강하게 자라며 교육을 받을 수 있어야 하죠. 기자로 일하다 정치 변동 때문에 이집트를 떠나온 샤이마 가족도 마찬가지예요. 우리 사회의 구성원이며 그 개별적인 삶과 소망을 존중받아 마땅합니다.

4장

함께
변화하다

덜컥 시작된 귀환,
배움 나누며 미래를 일궈요

귀환 이주민 아웅틴툰

한국에 일하러 왔던 아웅틴툰은 뜻하지 않게 정치 난민이 되었다.
미얀마의 정치 상황이 달라지면서 고국을 방문할 수 있게 되자,
한국과 미얀마를 오가며 차분하게 귀환을 준비하고자 했다.
그러나 뜻대로 되는 일은 하나도 없었다.

'반체제 인사' 입국 허가에 들떴지만

*

내가 미얀마 땅을 다시 밟은 것은 2018년이었다. 열아홉 살이던 1994년에 떠났으니 24년 만이었다. 군부가 통치하던 미얀마가 2010년 총선을 거쳐 명목적이지만 민간정부로 바뀐 뒤, 국외 반체제 인사의 입국을 허가하겠다고 발표했다. 그 소식에 나는 엉덩이가 들썩거렸다. 그런데 한국 주재 미얀마 대사관은 딴소리를 했다. 그동안 밀린 세금을 납부하는 것이 먼저라고 했다. 과거 미얀마 정부는 세금 명목으로 돈을 갈취하기 위해 모든 국외 체

류 미얀마인에게 수입 여부와 관계없이 체류 기간에 따라 계산한 세금을 무조건 내라 했는데, 그것을 자발적으로 내는 사람은 거의 없었다. 금액이 커 부담이기도 했고, 군사정권에 돈을 보태지 않겠다는 납세 거부 운동이기도 했다. 그러나 기를 써도 소용없는 것이, 여권을 재발급 받으려면 꼼짝없이 덜미를 잡히고 만다. 다행히 문민정부 꼴을 갖춘 2011년부터는 세금이 없어졌는데, 그래도 그 전까지 밀린 것은 내야 한다고 했다. 게다가 준법서약서까지 써야 한다! 내게 붙은 세금은 무려 700만 원이었다. 나는 '배 째라'는 심정으로 대사관과 담판을 지어 액수를 절반으로 깎았다. 망설이는 손을 다그쳐 준법서약서를 쓰고 미얀마 여권을 받았다.

절차를 알아보기 위해 법무부 출입국에 문의했을 때는 더 기막혔다. 난민 인정자가 귀환하려면 어떤 과정을 거쳐야 하는지, 당분간 난민 자격을 유지한 채 미얀마를 오가며 귀환을 준비할 수 있을지, 영구 귀환을 한 뒤 다시 한국을 방문할 수 있을지, 나는 궁금한 것이 많았다. 이런 내 질문에 담당 공무원은 "가고 싶으면 난민 지위 포기하고 가면 되지 않아요? 갔다가 왜 다시 와요?"라는 통명스러운 대답을 던졌다. 내 아무리 난민이지만, 삶의 뿌리를 그렇게 단번에 뽑아 옮기기는 힘들다고요, 혀끝에서 찰랑거리는 말을 누르고 입을 닫았다. 그런 말조차 구차했다. '난민'이 되기도 어려웠지만 돌아가는 길도 어려웠다. 그냥 내 방식으로 하자, 하다 보면 뭔가 길이 보이겠지.

17년 전, 한국 체류 미얀마인들이 만든 단체 '버마행동'은 미얀마 정부를 상대로 싸웠다. 한국까지 와서 힘겹게 일하고 있는 국민을 보호하지는 못할망정 국민을 상대로 위조여권을 팔아먹고, 여권 재발급 비용을 수백만 원씩 받고, 세금이라며 돈을 갈취하는 정부와 공무원들을 그냥 두고 볼 수 없었다. 말이 좋아 '싸움'이지 내용은 보잘것없어서, 그런 사실을 주변에 알리고 대사관 앞에서 항의 집회를 몇 번 한 것뿐이었다. 그런데 미얀마 정부는 우리를 과격분자로 몰아갔다. 그럴수록 우리의 목적과 요구는 점점 나라의 민주화로 확장되었다. 정치적인 활동은 하지 말라고, 한국 오기 전부터 신신당부하던 부모님이 마음에 걸렸지만 한번 잡은 호랑이 꼬리를 중간에 놓을 수는 없었다. 미얀마 정부는 우리에게 '테러범'이라는 누명을 씌워 한국 정부에 우리를 잡아 보내라고 했다. 나와 동료들이 느닷없이 '반체제 인사'가 되고 '난민'이 된 과정은 이토록 어이없다.

준비 없이 다시 맞은 고국 생활

❋

하늘에서 내려다본 양곤의 하늘은 깜깜했다. 전기가 많이 부족하구나. 아니 내가 풍족한 사회에 익숙해진 탓이겠지. 여러 생각이 들었다. 다시 마주한 고향의 풍경에 나는 들뜨고 행복했다. 가족과 친구들을 만나고 나라 곳곳을 돌아보았다. 여전한 가난이 마음 아팠다. 그 뒤 몇 차례 미얀마를 방문하며 나는 고민을 거듭했다. 정말 다시 이곳에 돌아올 수 있을까. 지금 모든 생활 근거가 한국에 있는데 다 접고 돌아오면 여기서 무엇을 할 수 있을까, 하는 고민이 가장 컸다. 두 주먹에 움켜쥔 패기만 믿고 국경을 넘었던 어릴 적 무모한 짓을, 마흔을 훌쩍 넘긴 지금 또 반복할 수는 없는 노릇이었다.

미얀마에 여러 날 있다 보니 미디어 교육을 해달라는 요청이 왔다. 한국으로 연수 왔던 미얀마 정보통신부 공무원들에게 통역해주며 인연을 맺은 적이 있는데, 내 방문 소식을 듣고 반가워하며 부탁해온 것이다. 한국에서 이주민 방송에 참여하며 미디어를 배운 뒤 줄곧 이주민들에게 미디어 제작을 교육해왔고 방송 제작사에서도 일하고 있던 터라, 교육은 내가 어렵지 않게 해줄 수 있는 일이었다. 그렇게 여러 방송사 직원들과 학생들에게 카메라 사용법과 편집 기술을 가르친 것이 첫 시작이었다. 이후 여기저기서 요청받아 국영 언론의 사진기자들, 만달레이대학 교수들, 학생들, 시민들과 '스마트폰 디렉터'라는 이름을 달고 교육을 했다. 국영 언론의 사진기자들은, 더 이상 사진만으로는 뉴스를 제작하기 힘들다는 판단으로 영상 뉴스를 제작하고자 했으나 영상 장비와 편집용 컴퓨터를 마련할 예산이 없어 벽에 부딪혀 있었다. 교육에 참여한 이들은 별도 장비 없이 스마트폰만으로 영상 뉴스를 제작할 수 있게 되었다. 교수들도 스마트폰으로 수업 자료로 쓸 동영상을 제작하게 되었다고 기뻐했다. 한국에서 얻은 지식과 경험으로 내 나라에 도움이 될 수 있다니 그것만으로도 행복했다. 귀환해서 무슨 일을 할지, 머릿속에 대충 그림이 그려졌다. 이제 차근차근 준비하면 된다.

그런데 아뿔싸, 2019년 다시 미얀마에 왔던 나는 예기치 못한 상황을 줄줄이 맞아야 했다. 한국 비자가 끝나기 전에 한국으로 돌아가 비자를 연장해야 하는데, 미얀마에서 재발급 받은 여권에 이름 한 글자가 잘못되어 다시 발급 받느라 여러 달을 속절없이 까먹었다. 곧이어 코로나 상황이 닥쳐왔다. 비행길은 막히고 한국 비자도 죽어버렸다. 어느새 나는 방문객과 귀환자 사이에 멀뚱하니 서 있었다. 귀환은 그렇게 덜컥, 시작되었다.

갑자기 농부가 되었다

✺

코로나 때문에 도시에서 하려던 교육이 모두 취소되었다.

방역을 위해 지역 간 방문도 금지되었다. 나는 고향 마궤주 짜우투에서 농사를 짓기 시작했다. 고향에서는 연간 삼모작을 한다. 봄여름 사이에 벼농사를 지어 수확한 뒤, 논에서 물을 빼고 해바라기, 콩 등을 심어 기름을 짠다. 쌀과 기름은 주로 가족들 식량이다. 그 뒤에는 마늘을 심는다. 마늘은 팔아서 돈을 산다.

농사를 짓다 보니 날이면 날마다 화가 치밀었다. 우리나라는 독자적으로 종자 생산을 하지 못하고 중국에 깊이 의존하고 있다. 중국의 농간과 우리 정부의 무능이 겹쳐 농민들은 종자를 1킬로그램에 3,000~5,300짯(약 2,500~4,500원)을 주고 사야 한다. 추수한 벼를 팔 때는 최고 품질도 1킬로그램에 겨우 350짯을 받는다. 종자 가격이 벼 판매가의 무려 15배라는 얘기다. 나는 제일 비싼 종자를 샀는데도 발아율이 너무 낮았다. 이거 망했구나! 한숨이 절로 나왔다. 모를 심고 내 논과 이웃 논을 오가며 종자별로 벼 키와 이삭 길이, 낟알 수를 비교하고 어떤 병이 있는지 점검하며 생육과 수확량을 연구했다. 직접 농사짓는 것은 처음이지만, 한국종자원을 방문한 미얀마 농림부 공무원들에게 통역하며 배운 것들을 떠올리며 하나하나 기록하고 문제를 진단했다.

가장 시급한 것은 우리 정부가 책임지고 좋은 종자를 생산해서 싼값에 공급하는 일이다. 물론 나는 초보 농사꾼이라 더 힘들었지만 베테랑인 이웃들도 별반 다르지 않았다. 이웃들이 샀던 값싼 종자는 발아율이 더 형편없었고, 낱알 수는 내 벼의 절반도 안 됐다. 농사를 지으면 지을수록 계속 손해만 쌓여가는데도 농민들은 그저 묵묵하다. 논밭갈이 트랙터를 빌리는 데도 시간당 거의 3만 짯(약 3만 원)을 줘야 한다. 피 같은 돈이다. 농민들에게 좋은 종자와 새로운 농사 기법은 너무 멀고 돈을 갈취하는 자들은 악착같다.

'예빈'을 정비하며 신바람 난 청년들

✲

고향 마을에는 주민들이 같이 사용하는 예빈이 있다. 예빈은 우물인데, '물이 나무처럼 살아 있다'는 뜻이다. 땅에서 절로 솟는 물을 대형 콘크리트 수조에 저장해두고 사용한다. 솟는 물을 바로 받으면 식수로 쓸 수 있고, 수조에 저장한 물은 씻고 빨래하는 데 쓴다. 각 가정에는 펌프도 우물도 없으므로 이 물이 우리를 살리는 유일한 물이다. 주민들은 저마다 물통에 물을 담아 어깨에 지거나, 오토바이나 자동차에 싣고 물을 가져간다. 물 받아 갈 사람이 없는 집은 한 통에 300짯씩 주고 사기도 한다. 국수 한 그릇 값 정도이지만, 없는 이들에게는 이것도 큰돈이라 움직일 수 있으면 어떻게든 자기 힘으로 물을 길어 간다. 새벽에는 따뜻한 물이 솟아 너나없이들 나와 목욕을 한다. 왜 새벽에만 따뜻한 물이 솟는지는 지금껏 불가사의다. 우리는 그저 감사하며 행복하게 몸을 씻고 하루를 시작한다. 그만큼 예빈은 우리 마을의 중심이고 생명이다.

하지만 이런 찬사가 민망하다. 만든 지 오래된 예빈은 둘레가 다 깨져 물을 길으러 온 사람이 다치기 십상이었고 주변에는 쓰레기가 산처럼 쌓였다. 해결해야 한다고 생각하면서도 차일피일 미루던 중에 이웃 동생이 내게 물었다. 새로 공사하고 싶은데 나서줄 수 있겠느냐고, 같이 공사할 사람은 모을 수 있다고. 같이 하겠다는 사람들 이름을 적어보라 하니 스무 명 남짓이었다. 그렇게나 많은 이들이 문제를 느끼고 있고 같이 할 의향이 있는데, 왜 직접 추진하지 못하는 것인가. 동생은 나서기 두렵다고 했다. 돈을 모으고 일을 진행하는 방법을 모르니 내가 끌어주기를 바란다고 했다.

나는 이웃들에게 우선 돌을 모으자고 했다. 강을 오갈 때 강바닥에 지천으로 있는 돌을 주워 하루 한 자루씩만 옮겨놓자고. 그 말에 씨익 웃던 이웃들이 돌을 모으기 시작했다. 돈 있는 이들은 돈을, 시멘트를 가진 이들은 시멘트를 한 포대씩 내놓았고, 좀 더 가진 이들은 모래를 한 차씩 기부했다. 며칠 이어진 공사에 젊은 이들이 나와 힘을 보태고 쓰레기를 치웠다. 동창에게 부탁해 굴착기와 트럭으로 쓰레기 치우는 일을 시작하니, 그걸 본 이웃 트력 두 대가 더 나와서 같이 움직였다. 쓰레기 양이 어마어마해서 2.5톤 트럭으로 20번 넘게 치워내야 했다. 청년 중 한 명에게는 모은 돈을 관리하는 법을 가르쳤다. 한 푼이라도 쓰면 영수증을 받아 빠짐없이 기록하고, 모든 이에게 사용 내역을 공개하도록 했다. 우리 힘으로 깨끗해진 예빈은 마을의 자랑이 되었다. 같이 땀 흘려 일하면서 공익 활동의 기쁨을 맛본 청년들은 신바람이 났다. 요즘은 나에게 용접과 미디어를 배우고 있다. 청년들은 무엇이든 배우고자 하는 열망이 높으나 배울 데가 마땅치 않다.

나는 논밭에 굴러다니던 돌을 모아 한편에 쌓았다. 아버지 때부터 이리저리 귀찮아 밀쳐내기만 했던 돌멩이들이다. 제주도에서 돌담을 처음 봤을 때 나는 무릎을 쳤다. 왜 진즉 이 생각을 못 했단 말인가. 돌담만이 아니다. 늘 배움에 목말랐던 내게 한국은 거대한 학교였다. 공장에서 일하는 틈틈이 한국어와 컴퓨터, 미디어를 익혔다. 어디든 무엇이든 배울 데가 있으면 기를 쓰고 찾아다녔다. 특히 성공회대 노동대학에서 공부하면서 나는 큰 배움을 얻었다. 우리 삶을 둘러싼 많은 문제에 대해 스스로 고민하고 토론을 통해 해결 방안을 찾아내는 학습 과정은 실로 놀라웠다. 서울 강동구에서 경험한 매니페스토 활동도 주민 자치에 대해 배우는 소중한 기회였다. 억압과 감시로 굴러가던 미얀마 사회에서 자란 나에게 이런 배움은 머리가 열리고 가슴이 뜨거워지는 경험이었다. 한국으로 출장 온 미얀마 공무원들에게 통역을 해주며 여러 분야에서 배웠던 다양한 정책과 실천 방안 또한 두고두고 꺼내 쓸 일이 많을 터다.

나는 운이 좋아 한국에서 많은 것을 배울 수 있었다. 그러나 이웃들에겐 기회조차 없다. 아직 답답하게 막혀 있는 미얀마 사회가 열리려면 시민들이 배워야 한다. 배움의 기회를 어떻게 고르게 나눌까 고민하던 나는 한국에서 접했던 '교육방송'을 떠올렸다. 누구나 스스로 공부할 수 있도록 도와주는 '교육방송'을 미얀마에서도 만들어보면 어떨까. 배움은 더 나은 삶을 일구는 힘이 될 것이고, 민주주의를 다지는 힘이 될 것이다. 미얀마는 배움이 절실하다!

이주노동자가 일을 마치고 돌아가면

그 이후에는 어떻게 살게 될까요?

이주노동은 더 나은 삶을 살고 싶어 하는 개인의 선택이기도 하지만, 이주노동자 출신국의 상황과 세계 경제 질서가 강하게 작용된 결과이기도 합니다. 주요 이주노동자 송출국들은 대부분 국내 산업이 발달하지 않아 충분한 일자리를 만들어내기 힘듭니다. 국민들은 생계를 위해 이주노동을 선택할 수밖에 없어요. 송출국들은 이주노동자의 송금을 주요 자본으로 활용하여 경제를 운용하고, 나라가 국제사회에서 얻은 빚을 갚는 데 써야 하니, 노동력 송출이 아주 절실합니다. 도입국은 노동력 부족을 해결하기 위해 이주노동자가 또 절실하게 필요하죠.

송출국과 도입국은 이주노동자로 인해 큰 이익을 얻고 있어요. 이익만 챙기려 할 것이 아니라 이주노동자의 삶에 대해서도 책임을 느껴야 해요. 송출국과 도입국은 이주노동자가 정확한 정보를 접하며 이주노동을 준비하고, 안전하게 이동하고, 보람을 느끼며 일하고, 벌어들인 수입을 금융기관에 저축하고, 낮은 비용으로 안전하게 송금하고, 귀환 후에 안정적으로 재정착할 수 있도록 도와야 해요. 또 출신국의 경제, 문화적 흐름과 창업 정보를 쉽게 접할 수 있도록 하여 귀환 후 경제활동 참여를 도와야 하죠. 귀환한 가족 중에 아동, 청소년이 있다면 환영받으며 돌봄과 학습을 이어갈 수 있도록 살펴야 하고요. 이주노동자로 인해 선순환이 이루어지면 당사자와 가족, 출신국과 도입국, 관련된 모든 사회가 긍정적인 영향을 받게 됩니다.

나는 아이가 살아갈 세상을
만드는 이주민입니다

재한줌머인연대, 로넬 짜끄마 나니

로넬 짜끄마 나니는 짜끄마족으로
방글라데시 정부의 박해를 피해 한국에 와서 살고 있다.
재한줌머인연대Jumma People's Network Korea를 공들여 꾸리고 있으며,
김포시외국인주민지원센터의 상담 팀장으로 일한다.

모질고 혹독한 줌머인의 역사

✻

'이나니'라는 한국 이름을 지었습니다. 새로운 이름이 적힌
주민등록증이 아직 낯설어 내 것이 아니라는 생각이 자꾸 듭니다.
'창성창본'을 해야 한다고 해서 본관을 김포로 하는 이씨 성을 새
로 만들었습니다. 본관이라는 말과 의미는 개명 과정에서 처음 알
게 됐는데, 성씨가 시작된 지역명을 기록하고 그것을 자손에게 계
속 물려준다니 참 놀라운 일입니다. 나는 짜끄마족으로 방글라데
시 남부 치타공의 고산지대 랑가마티에서 나고 자랐습니다. 짜끄

마족은 마르마족, 턴천가족, 뜨리뿌라족 등 11개 소수민족과 함께 줌머족으로 묶입니다. '줌머'는 화전민이라는 뜻입니다.

근현대 역사는 우리 줌머에게 유난히 모질고 혹독합니다. 대대 손손 치타공 높은 산에서 조용히 농사지으며 살아온 우리를 마구 흔들고 뿌리까지 뽑아버리려 합니다. 고향은 인도가 영국 식민 지배를 받을 때 인도 땅이었고, 인도·파키스탄이 영국에서 독립할 때 파키스탄에 속했다가, 후에 동파키스탄이 방글라데시로 독립하면서 지금은 방글라데시 영토에 속해 있습니다. 어느 국가에 속했느냐와 무관하게 우리는 끊임없이 생명, 정치, 경제, 문화적인 탄압을 받아왔습니다. 지금도 방글라데시는 자치권을 요구하는 줌머에게 군대를 보내고 벵골족(방글라데시의 주류 민족)을 집단 이주시켜 우리가 일군 삶의 터전을 갈취하고 있습니다. 국제사회는 이 끔찍한 폭력과 학살을 '인종 청소' 혹은 '민족 말살 행위'라고 부릅니다. 이런 이유로 나는 고향을 떠나 대한민국 김포에 살게 되었습니다.

방글라데시 정부는 우리 존재를 완전히 지우고 싶어 했습니다. 방글라데시가 독립 국가를 세우던 시기 초대 수상 셰이크 무지부르 라흐만은, 자치권을 요구하는 우리에게 '민족 정체성을 포기하고 벵골인이 되라'고 했습니다. 우리는 거부했고 그 대가로 지금까지 응징을 받고 있습니다. 지금도 벵골족 중에 같은 말을 하는 사람들이 있습니다. "당신들이 벵골족 되면 진급하는 거잖아. 큰 민족에 속하면 좋지 뭘 그래!" 기가 막힙니다.

방글라데시를 떠나온 지금도 벵골족과의 관계는 계속 이어집니다. 나는 김포시외국인지원센터에서 상담 팀장으로 일합니다. 이주민이 노동과 생활에 어려움을 겪을 때 통역하고 지원하는 일을 합니다. 나는 방글라데시 사람을 지원할 때도 최대한 잘해주려고 노력합니다. 그들도 여기서는 소수자이니까요. 민족 탄압의 무게는 엄청나지만 그 책임을 개인에게 물을 수는 없습니다.

흥미로운 일도 많습니다. 센터에 처음 온 어떤 벵골족은 외모가 한국 사람 비슷한 나를 보고, 한국인이 벵골어를 어찌 그리 잘하느냐고 칭찬합니다. 그러다 내가 짜끄마인 것을 알게 되면 벵골어를 제대로 못 할 거라 무시합니다. 이런 태도를 이해하기 위해 나는 그 배경을 떠올립니다. 벵골족의 민족적 자존심은 대단히 높습니다. 어휘가 풍부하고 문학적 성취가 높은 벵골어에 대한 자긍심도 하늘을 찌릅니다. 동파키스탄 시절 벵골어 사용을 금지하고 우르두어를 강요했던 서파키스탄에 맞서 투쟁해 승리한 역사도 있고, 벵골어로 시를 쓴 벵골족 타고르는 노벨 문학상을 받았으니까요. 그 자긍심이 한편으로는 짜끄마의 벵골어를 못 믿는 이유가 되기도 하는 것입니다. 나는 통역사이자 상담사로서 나와 그 사람 사이를 가로막은 울타리를 넘어야 합니다. 마음속으로 생각합니다. 진보주의자라고 자처하는 나는 얼마나 진보적인가, 나는 과연 민족이라는 울타리를 넘어설 수 있을 만큼 진보적인가.

소수민족이기에 겪어야 하는 아픔을 아이들에게 고스란히 물려주었으니, 아이들 세대는 더 힘겨울 것입니다. 우리 뿌리가 있는 랑가마티에서도 마찬가지입니다. 우리 조상들이 오래도록 지켜온 모든 문화가 지금은 주류를 따라가고 있어요. 일상 언어도 거의 절반은 벵골어가 잠식한 상태지요. 우리말과 문화를 지키려 노력하지만 변화를 막기에는 역부족입니다. 우리 줌머족, 특히 짜끄마족은 민족주의가 상당히 강한 편입니다. 나는 우리가 오랫동안 받아온 차별에 그 원인이 있다고 생각합니다. 우리는 우리끼리 결혼하기를 원합니다. 만약 줌머 여성이 벵골족과 결혼하는 일이 생기면 그 여성은 줌머족 안에서 죽은 사람 취급을 당합니다. 현대사회에 맞지 않는 부끄러운 일입니다만, 그것이 탄압에서 비롯된 일이니 나름 이유가 있는 것이지요. 그토록 날 세워 경계하는데도 줌머 문화는 벵골 문화에 휩쓸려가고 있습니다. 앞으로 아이들을 휘감을 소용돌이는 더욱 거셀 것입니다.

귀화했다고 한국인이야?

❋

참담한 경험을 안고 온 우리를 한국은 안전하게 보호해주었습니다. 우리는 여기서 살해나 폭력에 대한 두려움 없이 평온하게 하루하루를 이어갑니다. 참으로 감사한 일입니다. 나와 한 친구가 26년 전 한국에 와서 김포와 인연을 맺고 이후 난민으로 받아들여진 뒤, 우리에게 의지해 많은 줌머인이 이곳으로 찾아왔습니다. 가족을 이루고 아이들이 태어나면서 지금은 150여 명이 커뮤니티를 이뤄 살고 있습니다. 우리는 살아남기 위해 서로 돕고 의지합니다. 누군가 새로 들어오면 누워 쉴 자리를 챙기고, 먹고 살 궁리를 같이 합니다. 가족과 고향을 같이 그리워하고, 고향에서 탄압 소식이 들려오면 줌머인의 이름을 걸고 같이 싸웁니다. 우리가 누구인지, 어디서 왔는지 기억하고자 노력합니다.

그런데 이 자유롭고 평안한 나라에서도 우리는 정체성을 스스로 드러내거나 온전히 지키기 쉽지 않습니다. 한국 사회가 아직 다양성을 존중할 만큼 여유롭지 않기 때문입니다. 우리가 차이를 드러내고 우리 것을 지키려 하면 할수록 주류 사회는 우리를 이질적인 존재로 여겨 두려워하고 공격할 테니까요. 내가 보아온 26년간 한국은 참 많이 변했지만, 앞으로 숙제도 많아 보입니다. 외국인이 한국에 들어온 초기, 외국인들 대다수는 공장 기숙사에 살며 반말과 하대와 열악한 노동환경을 견뎌야 했습니다. 고립되다시피 했으니 한국인들과 접하거나 갈등을 빚을 기회도 거의 없었지요. 후에 결혼이주민이 대거 들어오면서 '교류'나 '소통'이 필요하다는 말이 들려오기 시작했습니다. 그 뒤로 많은 세월이 흘렀습니다. 나는 공장을 떠나 센터에서 각종 '문제'를 상담하며 '한국인'과 이주민 사이를 연결하는 일을 하고 있습니다.

센터에서 일하는 이주민 직원들은 한국인의 민낯을 자주 만납니다. 우선 전화 통화부터 난관입니다. 한국어를 아무리 잘해도 이주민의 발음과 억양이 한국인 같을 수는 없지요. 이를 눈치챈 상대방이 말합니다. 한국 사람 바꾸라고! 얼굴을 마주하면 '갑질'이 더 진화합니다. 한국 사람 없어? 당신이 책임자야? 외국인이 상담 이런 거 해도 되나? 문제의 본질보다 우리가 이주민이라는 것에 더 주목합니다. 당신 어느 나라 사람이야? 이건 정말 난감한 질문입니다. 이미 나를 한국 사람이 아니라고 판단해서 공격하는 것인데 '한국 사람이요' 할 수도 없고, 더 무시당할 게 뻔한데 '방글라데시 사람이요' 할 수도 없습니다. 방글라데시 출신인데 지금은 귀화해서 한국인입니다, 대답할 의무도 없는 질문에 나는 성의를 담아 대답합니다. 그 사람과 관련된 문제를 계속 진행해야 하니까 관계를 포기할 수 없거든요. 그러나 되돌아오는 반응은 여지없습니다. 귀화? 당신은 한국 사람 아니야, 내가 오리지널 한국 사

람이야. 국적 취득해봤자 한국 사람 되는 거 아니잖아. 이게 시에
서 만든 센터라고? 우리 세금 써서 운영하는 센터에서 왜 외국인
편을 들지? 시장한테 전화해서 당신 잘라버리라고 해야겠구먼!

아이들이 '혐오' 앞에 선다면…

❀

아이들이 가정과 학교를 벗어나 사회에 나섰을 때 이런 혐오 앞에 서게 될 것을 생각하면 앞이 깜깜합니다. 현실이 이런데 우리가 뿌리를 기억하며 존엄성을 유지할 방법은 대체 무엇입니까. 우리가 뿌리를 고민하는 가장 큰 이유는 아이들 때문입니다. 그러면서도 굳이 개명한 것도 아이들 때문입니다. 이름을 버리라 강요받은 것은 아니지만, 차별을 피하기 위해 한국 이름을 선택할 수밖에 없었으니까요. 사실 이 문제는 우리 커뮤니티에서 아주 중요하고 예민한 문제입니다. 어려서부터 민족운동을 해온 내가 귀화하고 이름까지 바꿨으니, 커뮤니티 멤버들이 얼마나 놀랐겠습니까.

나이 들고 한국 체류 기간이 긴 사람들보다 젊고 한국 생활이 비교적 짧은 사람들이 더 크게 우려하고 걱정합니다. 젊은 후배들이 단호하게 말합니다. "귀화는 어쩔 수 없지만 이름까지 바꾸는 것은 반대예요." 그 마음을 이해합니다. 나도 그랬으니까요. 후배들은 이제 막 한국에 왔거나, 국적 취득한 지 얼마 안 됐거나, 결혼하고 아이 낳은 지 오래지 않아 아직 구체적인 고민을 해본 적이 없으니 원칙을 주장하기 더 쉬운 입장입니다.

하지만 막상 아이가 학교에 들어가고 청소년기를 맞게 되면 고민의 차원이 달라집니다. 우리 정체성을 그대로 드러내기 어려운 여러 사회 문화적인 압박이 있는데, 아이가 크면서 그 압박 수위도 쑥 올라갑니다. 아이들이 앞으로 한국에서 계속 살아가려면

'한국 사람'처럼 생각하고 '한국 사람'으로 사는 것이 좋겠지요. 사실 아이들은 무엇이 더 좋을지 생각하고 선택할 여유가 전혀 없었습니다. 태어나자마자 한국 문화와 한국적 가치관 속에 툭 던져졌으니 아이들은 이미 마음으로부터 한국인입니다. 그런 아이들에게 우리는 줌머인이야, 우리는 달라, 우리 것을 지켜야 해 하고 강조한다면, 아이들은 더 멀어질 것입니다. 그동안 애써 거부해온 동화주의를 스스로 받아들이고 있는 이 상황이 참 아프고 힘듭니다.

누군가는 이런 말도 했습니다. 방글라데시에서도 존재 자체를 무시당하면서 살아온 우리인데 이 정도로 만족해야지, 이만큼 안전하고 자유롭게 사는 게 어디야! 그 말에 울음이 담겨 있었습니다. 나는 후배들에게 고통스럽게 당부합니다. 우리 세대가 할 수 있는 노력은 다하되, 아이들에게는 '민족'을 너무 강요하지 말자고 말입니다. 센터에서 한국어를 모르는 젊은 고려인들을 만납니다. 이렇게 큰 한민족도 따로 떨어져 산 100년 남짓 사이에 말을 잊었다는데, 우리 같은 소수민족은 20~30년도 지나기 전에 말을 잃게 될 것입니다. 알면서도 피할 도리가 없습니다. 우리 같은 소수자는 당사자의 노력만으로는 자신을 지킬 수 없습니다. 사회가 더 넉넉해지고 다양성을 품는 힘이 커져야만 비로소 우리도 문화적 정체성을 지키며 주류 사회와 대등한 관계를 이루며 살아갈 수 있을 것입니다.

쉽지 않은 일이다 싶지만 그럼에도 불구하고 생각합니다. 치타공 랑가마티에 뿌리를 둔 짜끄마족이자 한국인 김포 이씨인 나는 앞으로 어떻게 살아야 할 것인가. 열심히 살다 보면 나이가 들 것이고 국민연금 받으며 노후를 살게 되겠지만 그게 전부일 수는 없습니다. 내 노력에 따라 아이들의 미래가 달라질 것이라 생각하면 고민은 더 깊어집니다. 치타공 랑가마티를 떠난 것도, 귀화를 선택한 것도, 후배들의 반대에도 굳이 한국 이름으로 개명한 것도, 한국인이고자 하는 아이들의 마음을 존중하는 것도 그런 고민 속에 내린 결정입니다. 이런 결정을 후회하지 않도록 나는 노력을 다하고 싶습니다. 앞으로 들어올 이주민들이 걱정 없이 자기 본질을 드러내면서 안전하게 정착할 수 있도록 먼저 온 선배 입장에서 할 노력, 한국이 이주민을 받아들이는 데 부담을 덜 느끼도록 이주민 입장에서 할 노력, 차이를 존중하며 공존하는 사회를 만들기 위해 한국 사회의 구성원으로서 할 노력 말입니다.

저마다 달라서 더 좋은 사회

귀화한 이주민 1세대 중에는 자녀를 위해 한국식 이름으로 개명한 이들이 많아요. 자녀의 생활기록부에 자신의 본명이 드러나면 자녀가 차별받을지도 몰라 걱정되기 때문입니다. 이주민들은 동질성이 강한 한국 문화 속에 살아가면서 자신의 정체성과 문화가 무시당하는 경험을 합니다. 한국인과 가족이 되어 살아가는 결혼이주민들 역시 가족과 사회로부터 한국 문화에 동화될 것을 요구받아 심리적 압박이 크다고 합니다. 이주민을 포함해 누구라도 자기 본래 모습으로, 자기 이름을 가지고, 자기 문화를 누리며 살아갈 수 있도록 한국 사회가 품을 힘껏 넓혀야 하지 않을까요.

《판다대소동》이라는 그림책이 있어요. 동물원에 새로 들어온 판다가 아이들의 인기를 독차지해요. 다른 동물들은 부러워하다가 하나둘 이발소에 가서 판다처럼 외모를 바꿉니다. 마침내 모든 동물들이 판다와 비슷해지죠. 운동회 날, 아이들은 처음엔 토끼판다, 하마판다, 늑대판다라고 부르며 응원하다 나중에는 힘내라 판다, 이겨라 판다, 하며 죄다 판다라고 불러버리죠. 동물들은 자기 이름을 불러주지 않아 속이 상해요. 결국 동물들은 본래 자기 모습으로 돌아가고, 자기다운 모습으로 사는 것이 가장 행복하다는 것을 알게 됩니다.

겨우 표범다워졌어. 얼룩말 너도 멋져. 역시 나다운 게 제일 좋아. 동물들이 자기 모습을 되찾을 수 있었던 것은, 그림책 속 동물들의 사회가 본래 모습을 긍정적으로 보고 응원해도 되는 사회이기 때문이겠죠. 제약과 속박을 없애고 본디 제 모습대로 살아도 되는 사회를 만들면 모두가 더 자유로워질 거예요. 재한줌머인연대와 같은 당사자 단체가 목소리를 낼 수 있도록 기회를 열고 경청한다면 그런 사회를 만드는 데 도움이 될 거예요.

내 손주는
내가 먹여 살린다

베트남 할머니 사총사, 레, 하이, 뚜엣, 란

베트남의 딸, 드엉후엔짱은 동네 이모들의 전속 통역사다.
이모들은 한국인과 결혼해 사는 딸과 손주들을 돌보러
출동한 베트남 할머니들이다. 한국어는 아무리 외워도 금세 까먹는다.
하지만 노동과 돌봄에 단련되고 눈치에 특화된 알파우먼들에게
그깟 말 따위는 아무것도 아니다.

손주 돌보고, 부업까지 똘똘 뭉쳐서

❄

새벽부터 시장 골목이 베트남 말로 가득해요. 잠결에 들으
면 여기가 베트남인지 한국인지 헷갈릴 정도죠.

"냉장고에서 반미 꺼내와!"

힘차게 울리는 건 레 이모 목소리군요.

"성님, 물 끓어!"

하이 이모 목소리는 더 우렁차서 골목 잠을 다 깨울 정도죠. 바
지런한 이모들이 벌써 다 나왔나 봐요. 한국 상인들이 채 나오기

전 시장 골목은 베트남 사람들 차지예요. 원래 고향에서부터 새벽을 열던 사람들이거든요.

우리 동네에 베트남 이모들이 열댓 분쯤 계시는 것 같아요. 사총사는 그중 가장 똘똘 뭉쳐 다니는 이모들이죠. 레 이모는 손주 셋을 키워요. 딸이 아파서 돈을 못 버니 이모가 악착스레 벌어야 손주들 배를 채워줄 수 있대요. 집 나간 '사위 놈'을 생각하면 지금도 이가 갈린대요. 이모가 보는 앞에서 딸 머리채를 휘어잡고 머리를 바닥에 짓찧어 피가 줄줄 흐르게 했던 놈이거든요. 지금 이모는 한 가지만 생각한대요. 내 새끼들 내가 먹여 살려야 한다!

하이 이모는 사위 시집살이가 된통 호되죠. 사위는 밥이 질면 질다고 타박, 되면 되다고 욕하고 소리 지른대요. 이모는 사위 눈치 보느라 밥을 굶을 때도 있어요.

"제 새끼들 키워줄 때는 조용하더니 애들 좀 큰 뒤로는 장모 따위 필요 없다는 거지. 그놈을 아주 요절을 내야 하는데!"

우리 앞에서 큰소리치는 이모지만 집에서는 꾹꾹 참는다는 걸 우리는 눈치채고 있어요. 딸 때문이죠. 딸이 엄마 편 든다고 사위랑 싸우는 꼴 보기 싫어 이젠 정말 돌아가야겠다 생각한대요. 하지만 기다리는 이 하나 없는 고향에 돌아가는 게 쉽지 않다는 걸 우리는 이미 다 알고 있죠.

뚜엣 이모와 란 이모는 손주들이 아직 어려요. 딸네 부부 아침

먹여 출근시키고 나서 아이들을 깨워요.

"세수, 세수, 먹어, 먹어."

"와~이, 밥(외할머니, 밥 주세요)."

"메, 고기(엄마, 고기 주세요)."

'메'는 베트남 말로 '엄마'라는 뜻이지만, 손주는 제 엄마가 하는 대로 할머니를 메라고 불러요. 그러거나 말거나 이모는 신경도 안 써요. 아침마다 아이 머리를 곱게 땋아 예쁜 방울로 묶어주고 어린이집에 데려다주죠. 버스도 택시도 탈 줄 모르는 이모들이지만 골목길은 손바닥처럼 훤히 알아요. 식구들이 모여 앉은 자리에서 혼자만 말을 알아듣지 못해 멀뚱하지만 그런 건 아무것도 아니래요.

"힘들기는! 다 내 새끼들 위한 일이니까 무조건 견뎌야지!"

란 이모가 김치찌개, 미역국, 콩나물국 다 끓일 줄 안다고 자랑하고 있어요. 뚜엣 이모는 그 소리에 부러워 죽겠다는 표정이고요.

"성님, 누구한테 배웠수?"

"배우기는! 딸 하는 거 옆에서 보고 따라 했지. 사위도 잘 먹어."

"그 사위 참 착하기도 하네! 우리 사위는 음식 투정 말도 못 해. 베트남 음식이라면 아주 질색이고."

50대 초반에서 60대까지 나이도 다르고, 고향도 다른 이모들. 한국살이도 4년에서 13년까지 다양한 이모들이 늘그막에 만나 절친이 되었어요. 이모들은 전기 멀티탭 조립하는 회사에서 부업

하다 만났대요. 한 달 내내 일해도 고작 20~30만 원을 벌지만 그
돈은 이모들에게 생명줄이거든요. 요즘은 뭉쳐 다니며 양파 까는
일을 해요. 손을 재게 놀리면서도 수다 떨며 나름 정보 수집도 한
답니다.

돼지 볼깃살 달라고, 엉덩이 팡팡

✳

　지난번 네 이모를 모시고 코로나 백신 접종하러 갔던 일을
생각하면 지금도 웃음이 나요. 이모들은 사람 많은 병원에서 누구
하나 잃어버리기라도 할까 봐 서로 옷자락을 붙들고 한 덩어리로
붙어 다녔어요. 그 모습이 한없이 귀여웠지만 나는 어쩔 수 없이
잔소리를 보탰어요.
　"한국 사람들 많은 데서 거리두기 잘하고 질서 지켜야 해요."
　하나라도 잘못되어 백신을 못 맞을까 봐 이모들은 바짝 긴장했
어요. 접종 전에 문진하는데, 평소 복용하는 약이 있느냐는 질문
에 다들 목이 움츠러들었죠. 지병 두어 개씩은 족히 달고 사는 이
모들이지만 자기 병명도, 병원 이름도, 먹는 약이 뭔지도 잘 몰랐
거든요. 딸들에게 전화해서 다니는 병원 이름을 알아내고, 다시
병원에 연락해서 병명과 처방된 약을 확인하느라 우리는 부산을

떨어야 했어요. 간신히 필요한 절차를 마치고 나니 정말 파김치가 되고 말았죠. 지친 이모들은 목이 말랐지만 책잡힐까 걱정에 자리에 꼭 붙어 앉아 있었어요. 정수기를 흘낏거리며 서로 눈치만 찡긋거립니다. 결국 레 이모가 살그머니 일어나 까치발로 오가며 물을 배달합니다. 제비처럼 물을 받아먹는 세 동생 얼굴에 짓궂고 행복한 미소가 피어났어요. 항상 누군가를 보살펴왔던 이모들인데, 작은 돌봄을 받으니 그리 좋았던가 봐요.

사는 이야기를 다 하자면 근심이 열 보따리지만, 사총사가 모여 수다 떨고 푸념하고 어리광 부릴 때는 꼭 소녀들 같아요.

"성님, 이거 봐. 나 이빨 빠졌어."

"아이구, 고기 좋아하는 사람이 큰일 났네. 쯧쯧."

"어제 손주 딸이 없어서 나 혼자 정육점 갔거든. 그런데 돼지족 달라는 말을 할 수가 있어야지. 내 넓적다리를 툭툭 치니 그걸 알아듣더라고, 하하."

"나는 말이야, 돼지 볼깃살 달라는 말을 못 해서 내 엉덩이를 쑥 내밀고 팡팡 쳤다니까! 와하하하."

사총사는 추석 때 같이 무엇을 해 먹을까 궁리하고 있어요. 딸 부부는 아이들 데리고 시가로 갈 테니 이모들은 잠시 해방이죠. 딸이 졸라서 같이 간 적도 있지만 이제 그런 불편한 자리는 절대 사양이래요. 사위 눈치 안 보고 원 없이 자유를 즐길 거라나요. 긴 추석 연휴에 배고픈 입을 벌릴 손주들에게 무엇을 먹여야 하나, 레 이모 마음속에 걱정이 스쳐 갔지만 그 걱정은 잠시 미루기로 했어요. 오늘은 오늘 걱정만으로도 차고 넘치니까요. 엄마들의 엄마들이 겪는 하루가 또 이렇게 지나갑니다.

할머니들에게 박수를!

한국 가정의 아이들을 키우고 가족을 보듬는 일에 외국인 할머니들이 큰 역할을 하고 있어요. 심지어 외국인 조부모가 한국인 손주들과 조손가정을 이루고 살며, 아이들 보호와 양육을 온전히 책임지는 경우도 있죠. 가족인데도 서로 말이 통하지 않아 고통을 겪기도 해요. 조부모는 애달프고 아이들은 애착이 형성되기 어려워 정서 불안을 느끼기도 해요. 정부는 결혼이주자가 부모 혹은 형제들을 초대하여 아이들을 돌볼 수 있도록 비자를 발급해주고 있지만, 그 노고에 고마움을 표하는 일은 거의 없어요. 고마움은커녕 아이들을 부탁하고는 거의 방치하고 있는 형편이죠. 외국인에게는 국민기초생활보장제도와 같은 복지 체계를 적용하지 않으니 위급한 일이 생겨도 사회에 도움을 청하지도 못해요.

가족 형태와 구성이 이처럼 다양해지니 사회가 함께 살펴야 할 점도 덩달아 다양해지고 있어요. 학습 능력이 낮은 노년의 이주민이 의사소통 능력을 높일 방법을 찾아 적절히 제공할 필요가 있어요. 건강과 생계에 어려움은 없는지, 아동 양육이 제대로 이루어지고 있는지 살펴 부족함을 채워주는 노력도 필요하겠어요. 무엇보다 먼저 그 노고에 감사해야 하고요.

20년 일군 내 식당을
포기해야 하나요?

네팔 식당 주인장 지브

네팔 사람 지브는 지방 도시에서 조그만 네팔·인도 식당을 운영한다.
그는 손님들과 이야기를 나눌 때 가장 큰 기쁨을 느낀다고 한다.
그러다 자신이 한국과 네팔을 잇는 다리가 되고 있다는 생각에
문득 뿌듯하다고.

내가 늙으면 이 식당은 어쩌죠?

❋

요리를 잘하느냐고 묻는 분들이 많은데, 사실은 잘 못해요.
지금이라도 배우고 싶지만 손님 응대에 온 정신을 쏟다 보니 주방
에 들어가 배울 짬이 없네요. 어쩔 수 없이 네팔이나 인도에서 요
리사를 초청합니다. 요리사 초청! 이것에 대해서 하고 싶은 말이
아주 많아요. 정말 힘들거든요. 외국인 요리사를 한 명 초청하려
면 반드시 내국인(한국인)을 두 명 이상 고용해야 해요. 4대 보험
을 다 들어야 하고, 적어도 3개월간 그 고용을 유지해야 하죠. 아

르바이트 오는 한국인들은 대부분 길게 일하는 것을 원치 않아요. 보험 가입도 싫어하죠. 적잖은 본인부담금을 내야 하니 손해라고 생각하나 봐요. 그래서 직원의 본인부담금까지 다 내주면서 보험에 가입하는데, 한두 달 있다가 다른 직장 생겼다고 그만둬요. 그럴 때마다 요리사 초청 요건이 어그러질까 봐 애가 바짝바짝 탑니다. 그만두겠다는 사람에게 매달릴 수도 없고, 강제로 붙잡아둘 수도 없잖아요. 이런 작은 식당 일자리를 어떤 한국인이 좋아한다고 두 명 이상 고용한단 말입니까. 제도를 만드는 분들이 현실을 몰라도 너무 모르는 것 같아요. 제발 좀 살펴주세요!

비자를 연장할 때 겪는 일도 장난 아니죠. 이것저것 증빙 서류에 식당 사진 찍어 와라, 거래 내역 뽑아 와라, 1년 치 통장 내역 제출해라. 정말… 모멸감과 슬픔을 느껴요. 배 속까지 탈탈 털리는 기분이죠. 요즘은 거의 다 카드 계산이라 매출을 숨기거나 부풀릴 수도 없는데 말입니다. 20년 가까이 같은 자리에서 사업하고 세금도 꼬박꼬박 잘 내는데, 꼭 이렇게까지 해야 하나요? 누구 못지않게 열심히 하는데, 격려해주고 영주권도 좀 편하게 주면 얼마나 좋아요.

다른 걱정도 있어요. 내가 늙으면 이 식당을 어떻게 해야 하나 싶어요. 아들을 불러서 계속하게 하면 좋겠는데 그것도 쉽지 않아요. 아들이 사업 비자를 받으려면 엄청난 금액을 또 투자해야 한다더군요. 내가 땀 흘려 일군 식당을 내 가족이 이어가도록 해줘야 하는 거 아닌가요? 이건 나처럼 작은 사업 운영하는 이주민들이 하나같이 걱정하는 일이죠. 다들 나이 들어가고 있으니 머지않은 문제예요. 휴, 말을 하면 할수록 답답합니다. 아, 고마운 일도 있어요. 코로나19 자영업자 지원금을 받았거든요. 외국인이라고 안 주면 어쩌나 했는데, 그동안 세금 잘 낸 보람이 있어요!

몇 년 전 네팔에 큰 지진이 났을 때는 여러 손님이 안부를 물으려고 전화하거나 식당을 방문했어요. 참 고맙고 마음이 훈훈했죠. 그러다 친해져서 "형님", "동생" 하는 분들도 있어요. 손님 중에 네팔에 가서 사업하는 분도 여럿 있고요. 그분들은 거기서 또 이주민이잖아요. 내가 여기서 이리저리 치이며 자리 잡기까지 어려움을 겪었으니, 그 심정을 누구보다 잘 알죠. 그래서 내가 전화로라도 통역하고 여기저기 연결해드리면서 정착을 돕고 있어요.

네팔 음식 하면 달, 밧, 떠르까리죠

✳

우리 음식을 좋아하는 단골손님이 많아요. 난과 커리가 가장 인기인데, 네팔에서도 전문 음식점에 가야만 만날 수 있는 음식이죠. 집에서는 다들 달, 밧, 떠르까리를 해 먹어요. 달은 묽은

녹두죽이고요, 밧은 밥, 떠르까리는 여러 채소를 볶아 만든 반찬이에요. 닭고기나 염소고기를 곁들이기도 하고요. 내가 "네팔에서는 달, 밧, 떠르까리죠" 하면, 손님이 재치 있게 "한국에서는 밥, 국, 김치죠" 해요. 깔깔 웃음소리가 식당에 꽉 찹니다.

우리 식당은 문화를 나누는 곳이기도 해요. 손님들은 네팔이라는 나라가 궁금하고, 네팔 문화에 대한 호기심도 많아요. 책이나 방송에서 들을 수 없는 생생한 이야기를 듣고 싶어 해요. 여행 정보를 묻거나 네팔에 있는 누군가를 소개해달라 청하기도 해요. 종교에 대한 질문도 잦죠. 네팔 사람들 절대다수가 힌두교를 믿는데, 아무래도 한국인들에게는 낯설고 신기한 종교잖아요. 힌두교의 세계관은 오묘하고 깊어 한마디로 설명하기 힘들지만, 내가 아는 만큼 성의를 다해 알려드리곤 하죠.

힘들 때 찾아와서 밥 먹어요

✳

식당을 찾는 네팔인들에게 고향의 맛을 느끼게 해주고 싶어요. 대부분 한국 회사에 고용되어 일하는 청년들인데요. 낯선 나라에 와서 입에 안 맞는 음식으로 배를 채우며 고된 일을 하고 있으니 애처롭기 짝이 없어요. 주말이면 삼삼오오 찾아와서 네팔

음식을 먹고 네팔 말로 대화하며 웃음꽃을 피웁니다. 나이 든 내가 해줄 수 있는 것은 음식을 맛있게 해주고 고생한 이야기 들어주는 게 다예요. 일하느라 베이고 데인 상처가 가득한 손을 보며 마음속으로 응원합니다. 제발 다치지 말고 건강하게 일하다 무사히 돌아가라고. 그런 말을 대놓고 하지는 않아요. 왜냐고요? 청년들 마음 약해질까 봐요. 청년들은 가족의 기둥이고, 네팔의 미래잖아요. 강한 마음으로 이 고생을 잘 이겨내면 좋겠어요.

우리 식당은 맛있는 음식이 있고, 문화와 삶을 나눌 수 있고, 유쾌한 환영과 따뜻한 위로가 있는 곳이에요. 나는 우리 식당이 한국과 네팔을 연결하고, 한국이 바깥세상을 향해 창을 더 넓히는데, 또 한국 내부의 다양성을 더해가는 데 적지 않은 역할을 하고 있다고 생각합니다. 너무 뻥치는 거 아니냐고요? 직접 와서 느껴보세요! 하하.

이주민 기업가의 권리도 보호해야 해요

기업을 운영하거나 자영업을 하는 이주민이 늘어나고 있어요.

이들의 활동은 한국 사회의 생산성을 높일 뿐 아니라, 이주민의 인적 물적 자원이 사회와 접목하는 데 큰 역할을 합니다. 무엇보다 문화다양성을 증진하는 데 기여하죠. 이런 점을 제대로 평가하고 사회에 참여할 기회를 더 열어야 하겠어요.

또 이주민이 이 사회에서 이룬 부와 자산을 가족에게 이전하거나 순조롭게 다른 나라로 옮겨 갈 수 있도록 제도화하는 것도 필요해요. 국경을 넘어 삶을 일구는 이주민에게 자신이 축적한 자산을 잘 지킬 수 있도록 보장하는 것은 당연한 일이죠. 자영업을 가족이 이어가도록 보장하는 것도 반드시 필요한 일이고요. 이주민의 권익을 보호하는 일은 어느 한 나라만 노력해서 할 수 있는 것이 아닙니다. 국제사회가 함께 고민하고 같이 제도를 만들어야 가능하죠. 최근 국제사회는 이주민의 긍정적인 역할에 주목하여 그 권리를 함께 옹호하기 위한 노력을 공동으로 하고 있어요(301쪽 이주 글로벌 콤팩트 참고). 대한민국도 정부와 시민이 협력해서 공동 노력에 적극 참여하고 실천해가야 하겠어요.

"보람이죠,
제가 위협이 된다니"

미얀마 민족통합정부 한국대표부, 소모뚜

미얀마노동자복지센터 운영위원장인 소모뚜는
군부와 문민정부가 권력을 공유했던 지난 5년을 화장실에서
똥내 맡으며 밥 먹은 기간이라고 말했다.
지금 미얀마 시민들은 거머리처럼 달라붙어 피를 빠는 군부를 떼어버리고
새로운 역사를 쓰기 위해 나라 안팎에서 간절한 몸부림을 치고 있다.

우리 스스로 지키려 만든 센터

❅

2021년 2월 1일, 미얀마로 송금하려던 중에 쿠데타 소식
을 들었어요. 한국에서 일하는 미얀마 노동자들이 미얀마에 코로
나19 백신을 지원하려고 돈을 모았거든요. 이 돈을 보내면 군부
가 가로채겠구나 싶어 일단 송금을 멈추고 상황을 살폈습니다. 군
부는 주요 인사들을 빠르게 구금하고 정부를 장악했어요. 2020년
11월 총선에서 아웅산 수치 여사가 이끄는 정당 NLD National League
for Democracy, 민주주의민족동맹가 크게 승리하자 군부 권력이 축소될 것을

우려하여 순식간에 총칼을 빼든 것이죠.

바짝바짝 피가 마르는 날들이 벌써 두 달이나 흘렀습니다. 초기 미얀마 시민들은 냄비를 두드리고 행진 시위를 벌였습니다. 군부에 진압 명분을 주지 않으려고 평화를 지키려 애썼지요. 하지만 그런 노력이 무색하게 군경은 시민들 가슴에 총구를 들이댔습니다. 거리는 피로 물들기 시작했어요. 지금까지 안타깝게 목숨을 잃은 사람들이 500명이 넘는답니다. 매일 절절 끓는 심정으로 그런 소식을 듣고 있어요.

정말 놀라운 것이, 청년들이 총알을 무서워하지 않아요. 2007년 사프란 항쟁 당시 총소리에 시위대가 다 흩어졌던 것을 생각하면 지금 상황은 너무도 놀랍고 가슴 아픕니다. 젊은이들이 그렇게 목숨을 걸고 있는데 뭐라도 해야 하잖아요. 아무것도 안 하면 쪽팔리죠. 한국에 있는 미얀마인들이 '미얀마군부독재타도위원회'를 꾸렸어요. 한국에서 20년 넘게 살고 있는 중년들과 새롭게 들어와 일하거나 공부하는 청년들이 같이 뭉쳤어요. 나이 든 세대는 대개 1988년 민중항쟁 때 거리를 달렸던 경험이 있고 한국에서도 꾸준히 관련 활동을 해온 사람들입니다. 청년들은 비교적 평화롭던 1990년대 말과 2000년대에 태어나 민주주의를 경험하며 성장한 이들이고요. 터져 나오는 청년들의 분노가 흩어져 사라지지 않도록 저항을 조직하고 집회, 시위하는 법을 가르쳐주며 뒤를 봐

주고 있습니다. 미얀마 대사관과 무관부 앞, 군부 쿠데타의 뒷배라고 의심되는 중국 대사관 앞에서 청년들이 항의 활동을 합니다. 코로나 상황이라 많은 인원이 모이면 안 된다고 해서 주변에 흩어져 있다가 돌아가며 참여합니다. 평소 작은 일을 함께하며 성장한 청년들이 이제 주도적으로 활동하는 것입니다.

한국에 살면서, 우리는 스스로를 지킬 방법이 무엇인지 계속 고민해왔어요. 여러 시도 끝에 2년 전 인천 부평에 '미얀마노동자복지센터'(이하 센터)를 열었습니다. 미얀마 노동자들이 겪는 노동 문제와 이주자 인권 개선에 집중하기 위해서죠. 그전에도 우리는 서로 결속하고 상부상조하기 위해 다양한 노력을 해왔어요. 20년 넘게 활동하고 있는 미얀마 공동체를 비롯해 지역별 공동체, 민족별 공동체가 다수 있습니다. 그런데 늘 목마른 것은 숱하게 발생하는 노동문제를 어떻게 해결할 것인가 하는 것이었어요. 물론 한국 정부와 시민사회도 상담을 제공하며 문제 해결에 나서고 있지만 역시 언어의 벽을 넘기가 쉽지 않아요. 먼 지역에서 우리 센터로 도움을 요청하는 이에게 가까운 지원 기관을 소개해주면, 노동자는 기어드는 목소리로 물어봅니다. "거기에도 미얀마 사람이 있나요?" 거리가 멀어도 미얀마어로 말할 수 있는 곳에서 상담하기를 원하는 거지요.

우리 센터는 주로 임금 체불 문제에 집중합니다. 지난 2년간 노동자들이 우리 센터를 통해 돌려받은 임금 총액이 약 15억 원에 달해요. 센터에는 한국어를 잘하는 미얀마인 활동가들이 있습니다. 이들은 온오프라인으로 받은 상담 신청서를 분석하고 노동자와 1차 상담을 해서 문제를 파악합니다. 근거 자료를 확보해서 번역하고 그 자료를 노무사에게 넘겨주지요. 활동가는 매일 수십 개나 되는 대화방을 드나들며 노무사와 노동자 간의 대화를 통역하여 상담, 진정, 조사, 합의 등 사건이 원활하게 진행되도록 도와요. 이런 과정은 문제를 빠르고 정확하게 해결하는 데 효과적입니다. 그리고 한 가지 더, '고용허가제'라는 엄격한 제도에 눌려 꼼짝도 못 하던 노동자들이 자기 사건의 흐름을 파악하고 능동적으로 참여하며 문제 해결의 주체가 되는 경험을 해요. 이게 무척 중요합니다.

센터 운영비는 회원 400여 명이 내는 회비와 후원금으로 충당합니다. 센터가 회원들에게 보고한 내용을 보면 상담 지원을 받은 이들의 대다수가 비회원입니다. 회원들은 자신이 낸 회비로 다른 이들에게 도움을 준다는 사실에 '우리가 도와줘서 좋은 일이 생겼어'라며 자부심을 느낍니다. 그러면서 회원 수가 조금씩 늘어나지요. 회원들은 단체 대화방에서 사소하지만 중요한 일을 실시간으로 상의합니다. 이 대화방에 지금 237명이 들어와 있는데, 무슨 얘기가 오가나 한번 볼까요? '이거 뭐예요? 나한테 문자 왔어요',

'사장님이 이런 말 했는데 무슨 말인지 모르겠어요', '여기 사인해 달라는데 사인해요?' 등등 정신없이 톡이 올라오네요. 활동가가 자기 경험과 지식을 총동원하고 정보를 찾아가며 모든 질문에 답 해줍니다. 다 답하기 힘들 때는 저도 참여해서 지원합니다. 센터 가 열어놓은 SNS 페이지에는 2만 명 넘는 사람들이 가입해서 노 동, 건강, 체류와 관련된 정보를 공유합니다. 센터는 한국어, 컴퓨 터, 노동법, 성평등 같은 주제로 강좌를 열고, 기초 질서 지키기 캠 페인도 해요. 노동자들이 지식과 기술을 넓히고 더 좋은 삶의 태 도를 선택할 수 있도록 지원하는 것입니다.

매일매일 뜨겁고 열정적인 연대

❉

우리 센터가 소중하게 하는 일이 또 하나 있어요. 미얀마에 가뭄, 태풍 같은 자연재해가 있을 때 모금해서 현장을 지원하는 일입니다. 이번 코로나 상황에도 그랬습니다. 온 힘을 기울여 돈 을 모아 진단키트를 보내고 가난한 이들에게 방역용품과 먹을거 리를 지원했어요. 이런 일은 미얀마 현장 시민단체와 연결해서 실 행하면서, 지원금의 흐름과 활동 내용을 빠르게 공유합니다. 자기 가 낸 후원금이 어떻게 쓰이는지 바로 알 수 있으니 자긍심이 매우 높아져요. 귀환 후에 현장 활동에 참여하는 이들도 있고요. 이런 실천을 통해 청년들은 조직의 중요성을 느끼고, 사회, 정치운동을 배웁니다.

센터 회원들은 다양한 정치 성향을 가지고 있어요. 친군부 성향도 있고, NLD를 지지하는 사람도 있고, 사회주의 성향도 있어요. 그래서 센터는 가급적 정치 활동은 하지 않습니다. 미얀마 이주노동자의 복지와 인권 증진이 센터의 운영 목적이니 어떤 정치 성향을 가진 사람이라도 편하게 이용할 수 있어야 하잖아요. 하지만 센터를 세우고 운영하는 주축에 민주화운동을 열심히 하는 이들이 많으니 그런 특성이 어쩔 수 없이 드러나기도 합니다. 2015년 미얀마 총선 당시 한국에서도 부재자 투표를 했는데, 그때 우리 회원들이 적극적으로 투표인 명부 확인 운동과 투표 참여 운동을 했어요. 투표인 명부 확인이 왜 필요한지 궁금하시지요? 민주주의가 정착된 한국에서는 그런 일이 없겠지만, 미얀마에서는 군부가 시민들의 선거 참여를 방해하는 일이 많아요. 투표인 명부를 엉터리로 만드는 것이 대표적입니다. 명부에 이름이 없으면 투표할 수 없거든요. 그래서 사전에 명부에 자기 이름이 있는지 확인하는 작업을 운동으로 펼치는 것이죠. 선거 기간에 민주주의를 향한 젊은 이들의 열기와 희망이 가득했어요. 우리는 승리를 경험했습니다.

쿠데타에 대한 저항으로 미얀마 내부에서 CDMCivil Disobedience

Movement, 시민불복종운동, 즉 파업 투쟁이 광범위하게 일어났습니다. 이 파업에 공무원들이 참여해야 군부의 행정력을 흔들 수 있는데, 파업에 동참하는 공무원은 해고당하고 관사에서도 쫓겨나니 의지가 높아도 망설일 수밖에 없어요. 시민들은 곧 알아차렸어요. 공무원을 도와야 우리가 승리한다. 그래서 파업 공무원들의 생계를 돕자는 모금 운동이 일어났어요. 상황은 시시각각 변하고 있어요. 철도노동자들이 관사에서 쫓겨나고 있다고 하니, 자기 집에 빈방이 있는 이들은 어서 오라 손짓하고, 빈 땅이 있는 사람은 서둘러 임시 주택을 짓기도 했어요.

우리 회원들은 백신 지원금을 CDM 기금으로 보내자 결의하고 추가 모금을 했습니다. 여러 조직과 연대하는 '독재타도위원회'를 만들어 저항운동을 본격적으로 시작했어요. 노동자들이 모금과 시위에 참여하는 것을 보면 감동 또 감동입니다. 자기 한 달 월급을 몽땅 넣기도 하고, 승리할 때까지 매달 100만 원을 내겠다고 결의하는 이도 있어요. 그 돈이 어떻게 번 돈인지 아니까 눈물이 납니다. 욕먹어가면서 회사에 휴가 내고 시위에 나왔다는 말에 안쓰러워 또 눈물이 나요. 이번 일을 계기로 우리 센터를 포함해 한국 각 지역에서 활동하던 크고 작은 미얀마 그룹이 거의 다 연결되어 협력하고 있어요. 힘을 합쳐 군부와 싸우고 또 한국 사회에 미얀마 시민들의 투쟁을 알리기 위해 노력하고 있습니다.

해외 그룹 중에 집회와 시위를 조직해서 직접 저항 활동을 하는 것도, 후원금을 모아 보내는 것도 한국 그룹이 으뜸입니다. 일상 활동으로 젊은이들의 성장을 도운 것이 좋은 결과를 보이는 것이라 생각합니다. 또 우리 호소에 이토록 뜨겁게 호응하시는 한국 시민들 덕분이기도 하고요. 한국 시민사회와 함께하기 위해 결성한 '미얀마 민주주의 네트워크'에서는 매일 뜨겁고 열정적인 연대를 경험합니다. 이런 활동은 실제 군부에 큰 압박이 되고 있어요. 군부는 CDM 자금을 보낸 것을 이유로 저와 NLD 한국 대표 얀 나잉툰을 공개 수배하더니, 얼마 전 이재명 경기도지사님을 만나 미얀마 상황을 나눈 것을 이유로 또 수배를 했어요. 보람이죠, 우리 활동이 그만큼 위협이 된다는 거잖아요.

소수민족의 아픔을 외면한 역사를 반성하다

�֎

투쟁 과정에서 우리는 아픈 일을 떠올렸어요. 공식적으로 135개 민족이 살고 있는 미얀마는 민족 간 분쟁으로 무겁고 힘겨운 역사를 겪어왔습니다. 민주 정부가 출범한 뒤인 2017년, 라카인주에 거주하는 소수민족 로힝야족이 군부의 학살과 방화로 큰 고통을 당했어요. 그 일로 70만여 명이 방글라데시 등 다른 나라로 피난해서 난민이 되었고요. 그 일에 대해 다수자인 버마족은 상당히 냉담했습니다. 군부가 아웅산 수치 국가고문과 민주정권을 흔드는 것을 막는 데 집중하느라, 정작 로힝야족이 처참하게 압살당하는 것을 외면했던 것입니다.

당시 한국에서도 '로힝야족은 미얀마의 135개 소수민족에 속하지 않는다, 군부가 흔들고 국제사회가 비난하는 우리 지도자를 지키자'며 운동을 전개했어요. 로힝야족을 미얀마가 공식 인정하는 소수민족에 포함하느냐 안 하느냐 하는 것은 복잡하게 엉킨 역사를 되짚고 정치적 결단을 내려야 하는 어려운 문제입니다. 하지만 그와 별개로 당장 도륙당하고 쫓기는 이들을 외면한 것은 정말 큰 잘못이었음을 고백합니다. 이번 쿠데타를 겪으면서 우리가 무슨 짓을 했던 것인지 되돌아보게 되었어요.

버마족 청년들이 말합니다. "이렇게 무자비하고 잔인한 군부인 줄 몰랐어요. 로힝야족이 무슨 일을 당한 것인지 이제 눈으로 똑똑히 보고 있어요." 시위 현장에는 '카친족부터 로힝야족까지 탄압받은 모두에게 사과드립니다'라는 펼침막이 걸렸어요. 버마족인 한 유명 연예인은 자신의 SNS에 글을 올렸어요. "이제야 소수민족들이 왜 버마족을 싫어하는지 이해하게 됐다. 지금 우리 편에 서지 않은 아세안ASEAN, 동남아시아국가연합 국가들을 우리가 미워하는 것처럼 이들 소수민족들도 우리를 미워했을 것이다. 이제부터 자

신에게 약속하자. 소수민족들, 로힝야족이 인권침해를 당할 때 우리는 가만있지 않고 함께 싸우겠다고."

고통스럽게 난민 생활을 하고 있는 로힝야족 중에 '우리도 미얀마 민주주의를 지지한다'고 SNS에 글과 사진을 올리는 이들이 있어요. 더 미안하고 아픕니다. 며칠 전 카렌족은 쿠데타 군부에

타격을 주기 위해 군부대를 공격했는데, 그 보복으로 마을에 비행기 폭격을 당했어요. 카렌족 주민들이 아기를 안아 들고 아픈 노인을 둘러업으며 타이로 피난 갔는데, 거기서도 오지 말라 밀쳐 냈어요. 참담하고 고맙고…. 그동안 버마족의 지지를 받지 못했던 소수민족들이 이렇게 함께 싸우고 있으니 가슴이 미어지도록 고맙고 미안합니다.

곧 시민군을 조직하고 소수민족 군대와 연합해서 군부와 내전을 벌이게 될 듯합니다. 잘 싸워 꼭 이겨야 합니다. 소수민족이든 누구든 미얀마에 사는 모두가 걱정 없이 살 수 있도록 만들어야죠. 온전히 국민의 힘으로 이룬 민주주의가 아니면 언제든 뺏길 수 있다는 것을 알았으니 더 이상은 군부와 타협하지 않습니다. 이제 똥냄새 안 맡고 밥 먹어야죠. 젊은 세대가 그 일을 해낼 거라고 믿어요. 부족한 힘이지만 최선을 다해 젊은 세대를 뒷받침하려고 합니다.

쿠데타 군부에 맞선 용감한 미얀마 시민들

2021년 2월 1일 발발한 미얀마 쿠데타 상황이 1년 넘게 계속되고 있어요. 쿠데타 직후, 2020년 12월 총선에서 당선되고도 군부에 의해 밀려났던 국회의원들이 연방의회대표위원회를 만들고, 곧이어 군부에 맞서는 민족통합정부NUG, National Unity Government를 구성했어요.

민족통합정부는 미얀마의 소수민족을 포함한 모든 구성원을 아우른다는 목표를 세웠어요. 그간 다수민족인 버마족과 갈등을 겪고 있던 소수민족들에게 사과하며 함께하자고 손을 내밀었어요. 영국이 미얀마를 식민통치하던 시절, 영국은 다수민족인 버마족을 견제하기 위하여 소수민족을 이용하는 간교한 민족 분할 통치를 했어요. 민족 간 갈등과 상처가 깊어진 큰 원인이죠. 2017년 군부가 소수민족인 로힝야족을 무자비하게 학살한 사건이 있었어요. 이 사건을 아웅산 수치 국가고문을 비롯한 버마족 민주진영이 옹호하면서 더욱 상처가 깊어졌는데, 그것을 봉합하고 화합을 이뤄 함께 민중혁명을 완수하자는 제안을 한 것입니다. 민족통합정부는 17개 부처를 두어 정부의 형식을 갖췄어요.

또 외교 운동을 펴기 위해 체코와 호주에 이어 대한민국에 대사관 개념의 대표부를 설치했어요. 미얀마군부독재타도위원회 얀 나잉툰 공동위원장이 NUG 한국대표부 특사로 임명되어 활동하고 있어요. 대한민국도 과거 일제에 항거하고 나라를 되찾기 위해 상하이에 임시정부를 둔 적이 있으니, 그 역사를 떠올리면 민족통합정부의 성격과 활동 내용을 이해하기 쉬울 거예요.

미얀마 시민들은 군부에 세금납부 거부 운동, 민족통합정부에 자발적 세금납부 운동, 혁명채권구매 운동, CDM, 시민방위군 PDF, People's Defence Force 참여 등으로 독재에 저항하고 있어요. 여성과 소수민족을 포함한 청년들이 대거 시민방위군에 입대하여 무장투쟁을 벌이고 있는 점은 매우 놀랍고 슬픈 일입니다.

미얀마 국민들은 국제사회에 '군부정권이 아니라 민족통합정부를 미얀마 공식 정부로 인정해달라'고 호소하고 있어요. 이 호소에 국제사회가 적극적으로 응답하여 미얀마 국민들이 민주주의와 평화를 되찾는 여정에 함께하면 좋겠어요.

NUG 한국대표부의 블로그(아래 QR코드로 연결)에서 최근 소식, 참여할 수 있는 캠페인 정보를 볼 수 있어요.

NUG 한국대표부의 블로그

뒷짐 진 열 살 소년
한달라를 아시나요

팔레스타인에서 온 유학생 마흐무드 알나자

마흐무드 알나자는 팔레스타인 가자지구 출신 유학생이다.
한국인들에게 팔레스타인의 아픔을 전하기 위하여
'아시아평화를향한이주MAP'가 운영하는 '난민과 함께하는 사람책 도서관'
에서 자신의 이야기를 들려주는 '사람책'으로 활동한다.
'마흐무드'를 대출해 책을 펴니 마흐무드와 '한달라'가 같이 튀어나왔다.

한달라, 모든 청년의 상징

＊

내가 입고 있는 옷에 그려진 이 그림, 보이나요? 아이는 고슴도치 같은 머리를 하고 기운 옷을 입고 항상 뒤돌아서 있죠. 맨발의 난민캠프 아이들 모습 그대로예요. 한달라Handala는 팔레스타인 만화가 '나지 알리'가 그린 캐릭터예요. 뒷짐 진 손은 팔레스타인에 대한 미국식 해결책을 거부한다는 의미래요. 한달라는 팔레스타인의 정체성과 저항을 상징해요. 서안지구와 가자지구 곳곳의 벽과 담장에, 티셔츠와 열쇠고리에도 한달라가 있어요. 아이의 얼굴과 표정을 본 사람은 아무도 없어요. 팔레스타인 사람들은 우리가 자유와 평화를 되찾는 날 한달라가 함박웃음을 보여줄 거라고 믿어요. 만화가는 오래전 암살되었지만, 그날이 오면 다른 누군가가 웃는 얼굴을 그려 넣을 겁니다. 나는 한달라가 팔레스타인 청년들뿐만 아니라 고난을 이겨내려 애쓰는 모든 청년들의 상징이라고 생각해요. 용기가 필요한 한국 청년이 있다면, 나는 한달라를 소개해주고 싶어요.

팔레스타인은 이스라엘에 점령당한 뒤 지금까지 70여 년간 계속 싸우고 있어요. 우리는 이스라엘의 핍박을 견디며 점령지에서 살거나, 전 세계에 흩어져 디아스포라Diaspora로 살고 있어요. 디아스포라는 어떤 특정 민족이 기존에 살던 곳을 떠나 다른 지역이나 나라로 이동하여 집단을 이루는 것을 말해요. 나 역시 가자지구 난민캠프에서 태어나고 자랐어요. 지금껏 나는 전쟁을 다섯 번 겪었어요. 얼마 전에도 엄청난 전쟁이 있었잖아요. 이스라엘이 폭격을 퍼부어 건물이 다 파괴되고 내 친구들도 여럿 죽었어요. 만약 내가 거기 있었다면 나 또한 그렇게 죽었겠지요. 어린이를 포함해 최소 250여 명이 목숨을 잃은 참혹한 전쟁인데, 다른 나라 사람들이 '아이언돔(이스라엘 방공망)'만 기억하는 것을 보고 무척 슬펐어요. 우리에게 죽음은 너무 가까이 있고, 희망은 결코 오지 않아요.

점령군에 막힌 출국길

✽

나는 5년 전 우여곡절 끝에 한국에 왔어요. 대학을 졸업하고 운르와UNRWA, 국제연합 팔레스타인 난민구제 사업기구에서 일하는 동안에도 내 가슴은 답답함으로 터질 것 같았어요. 점령당한 삶은 감옥 그 자체니까요. 한국도 전에 일본에 강제 점령당한 일이 있다고 들었어요. 같은 경험이 있으니 이 고통을 이해하실 거라 믿어요. 나라와 함께 우리는 존엄도 권리도 자유도 다 빼앗겼어요.

왜 이렇게 살아야 하는가! 이 절망에서 헤어날 방법은 무엇인가! 절절한 마음으로 방법을 찾던 나는 외국 유학을 선택했어요. 정말 많은 곳에 장학금 신청서를 제출했죠. 운 좋게 영국 대학 장학프로그램에 선정되었는데… 결국 가지 못했어요. 이스라엘 점령군에 출국을 신청했지만 허락받지 못했습니다. 세 번이나 거절당하는 사이 입학 시기를 넘겼고 나는 장학금 지원처에 죄송하다는 편지를 써야 했어요.

다시 한국 장학프로그램에 뽑혔는데 이스라엘 점령군은 또 출국을 허가하지 않았어요. 체념하고 코이카KOICA, 한국국제협력단에 장학금을 못 받게 되었다고 사과드리려 연락하니, 뜻밖에 적극적으로 도와주셨어요. 그때 일이 풀리는 것을 보면서 정말 실감했어요. 진짜 아무 이유도, 어떤 법적 근거도 없이 오로지 우리를 탄압

하고 괴롭히기 위해 출국을 막는 거구나! 자유롭게 사는 한국 사람들이 나는 한없이 부러워요. 한국에서 지낸 시간은 내 인생에서 가장 아름답고 행복한 시간이었어요. 나는 부모님이 몹시 그립지만 감옥으로 돌아가고 싶지는 않아요. 매일 전화해서 부모님 목소리를 듣고 안전하신지 여쭙고 싶은데 그마저도 쉽지 않아요. 전기가 하루 네 시간만 들어오니 전화조차 마음대로 할 수 없어요.

난민에게 쏟아지는 아픈 말

✳

나는 서울대학교에서 2년간 국제공공행정을 공부해서 석사학위를 받고 카타르에 1년간 인턴십으로 다녀온 뒤, 다시 한국개발연구원KDI 국제정책대학원에서 국제개발을 공부해서 석사학위를 받았어요. 둘 다 운르와에서 일했던 경험을 바탕으로 선택한 분야예요. 앞으로 이런 경력을 살려서 국제기구에서 일하며 국제협력과 평화를 위해 노력하고 싶어요. 지금은 취업을 준비하며 생활비를 벌기 위해 아르바이트를 하고 있어요. 주로 공장 일이나 택배 일이죠. 취업을 해야 비자를 연장할 수 있는데 정말 걱정입니다. 어쩔 수 없이 한국 정부에 난민 인정 신청을 해야 하나 봅니다.

나는 팔레스타인 사람입니다,라고 말하지만 우리에게는 국적이 없어요. 기쁜 마음으로 돌아갈 곳도, 우리에게 안전과 자유를 보장해주는 곳도 없어요. 나는 유엔난민기구가 인정한 난민이지만 한국에서 난민으로 인정받으려면 다시 신청과 심사를 거쳐야 한다고 들었어요. 시민들도 난민에게 그다지 우호적이지 않은 듯해요. 사람책 활동을 할 때, 왜 왔느냐고 물어보는 이들도 있었어요. 난민 때문에 우리가 낸 세금을 다 쓴다, 난민이 우리 일자리를 빼앗는다, 그런 아픈 말도 들었어요. 나는 그런 부정적인 의견에 더 정성 들여 답했어요. 우리는 전쟁과 탄압을 피해 왔습니다. 짐이 되려고 한국에 온 것이 아닙니다. 기회가 있다면 우리는 한국 사회에 긍정적으로 기여하고 싶습니다, 하고요.

나는 어릴 때 연날리기를 아주 좋아했어요. 바닷가에서 친구들과 뛰어다니며 연을 날렸던 것을 생각하면 지금도 행복해요. 모든 팔레스타인 사람들이 하늘의 연처럼 자유로워지면 좋겠어요. 열 살 소년 한달라가 뒷짐 진 손을 풀고 천진하게 웃는 날이 어서 왔으면 좋겠어요. 한국 시민들께 정중하고 간절하게 연대를 요청합니다. 힘을 보태주십시오.

고통받는 팔레스타인 사람들과 연대해요

유럽에 흩어져 살며 박해받던 유대인들은 '고대 유대인의 땅이었던 팔레스타인에 대한 권리가 있다, 그 땅에 독립 국가를 건설하자'는 유대인 민족주의 운동, 즉 '시오니즘Zionism'을 일으켰어요. 나치에 의해 무참하게 대규모 학살을 당하면서 이 운동은 더욱 강화되었죠. 한편 영국은 제1차 세계대전 당시 중동지역을 통치하던 오스만제국을 와해시키고자, 아랍계 부족에게 영국과 협력하면 아랍민족의 통일된 독립 국가를 건설하도록 보장하겠다고 제안하여 협정을 맺었어요. 또 유대계 자본에는 전쟁자금을 지원해주면 팔레스타인 지역에 유대인의 독립 국가를 세우도록 하겠다는 약속도 했지요. 그 땅에 엄연히 살고 있는 팔레스타인 사람들에 대한 고려는 전혀 없이 말입니다. 전쟁이 끝난 후 영국은 이 문제를 유엔으로 떠넘깁니다.

유엔은 팔레스타인 지역을 분할해서 아랍인 국가와 유대인 국가 둘 다 세우자는 안을 냈지만 환영받지 못합니다. 유대인은 아랑곳없이 이스라엘 건국을 추진하죠. 이에 반대하는 주변 아랍 국가들이 연합하여 이스라엘을 공격하는 1차 중동전쟁이 벌어져요. 이스라엘은 이 전쟁에서 승리하여 대부분의 땅을 차지합니다. 팔레스타인 사람들은 1,000년 이상 대대손손 살아온 땅을 빼앗기고 쫓겨나 지금은 이스라엘 동북쪽의 서안지구, 서남쪽의 가자지구에 나뉘어 살며 불안한 자치를 하고 있어요. 이스라엘은 이 자치지구 안에도 이스라엘인 정착촌을 세우고 점차 넓혀 가며 땅을 더 빼앗고 있어요. 시도 때도 없이 온갖 구실로 폭격을 퍼부어 팔레스타인 사람들을 학살하고요. 팔레스타인 사람들은 땅과 재산은 물론이고, 자유도 빼앗기고 교육과 직업 활동 등 모든 일상을 제한당하고 있어요. 그 탓에 가난에서 벗어나지 못하고 국제사회의 원조에 의존해야 하는 슬픈 삶을 살아가고 있습니다. 팔레스타인이 독립 국가를 건설하도록 돕겠다는 국제사회의 약속은 아직 지켜지지 않았고 희망 또한 보이지 않아요.

지구 곳곳에서는 분쟁, 전쟁, 빈곤, 인권침해, 기후위기 등으로 인해 크고 어려운 문제가 많이 벌어지고 있어요. 국제사회는 이런 문제를 공동으로 고민하고 해결하기 위해 노력하고 있지만, 각기 입장이 다른 많은 나라가 관련되어 있으니 매우 어렵고 잘 풀리지 않아요. 그럴수록 포기하지 않고 꾸준히 함께 노력하는 것이 아주 중요하죠. 나 자신, 내가 살고 있는 마을과 대한민국,

세계는 거미줄처럼 연결되어 있고 서로 영향을 주고받아요. 그것을 잘 파악하고 세계시민으로서 나의 입장과 역할이 무엇인지 생각할 기회를 가져보기 바랍니다. 고통스러운 팔레스타인을 떠나와 한국에서 삶을 꾸리고 있는 이웃이 있어요. 그 이웃을 어떻게 환영하고 응원할 수 있을까요. 기운 옷을 입은 맨발 소년 한달라, 그 모습을 찾아보고 친구들에게 소개하는 것으로 응원의 첫걸음을 시작해보면 어떨까요.

○

새로운 30년, 이주민과 더불어 살기

국제 이주노동의 흐름은 마치 물이 흐르는 것과 같아요. 물은 더 낮은 곳으로 끊임없이 흘러가지요. 물이 넘치는데 물길이 없거나 막혔다면 새로 길을 내며 흐릅니다. 이주노동도 그래요. 이주노동자는 노동력이 필요한 곳으로 이동합니다. 공식적으로 이동할 수 있는 제도가 열려 있다면 그 제도를 이용하겠지만, 설령 제도가 없다 해도 이동은 시작되고 계속 이어져요. 강제로 막으려 해도 결코 멈추지 않아요. 국제 이주의 가장 큰 원인은 지구 사회의 불평등입니다. 어떤 나라는 가난하고 일자리가 없어요. 때론 정치가 불안정하고 범죄가 심해서 사람이 살기 어렵기도 해요.

반면 어떤 나라는 경제적으로 풍요롭고 일자리가 많은 데다 정치와 치안이 안정되어 있죠. 그래서 사람들은 일자리를 찾아, 더 나은 삶을 찾아 국경을 넘어 이동합니다.

약 30년 전인 1980년대 후반부터 한국에 이주노동자가 들어와 일하기 시작했어요. 뒤이어 결혼이주자와 유학생이 늘어나고, 또 그 자녀들이 태어나고 성장했어요. 초기에는 공식적인 제도가 없었기에 하나둘씩 새로운 물길을 내며 이동해 온 이주노동자들이 조용히 일자리를 찾아 스며들었어요. 그 수가 많아지고 점차 노동력 부족 문제를 공식적으로 해결해야 한다는 사회적 요구가 생기면서 외국인산업기술연수생제도, 고용허가제도가 만들어졌죠. 이 두 제도는 이주노동자를 일터에 붙박이게 했으므로, 이주노동자는 주류 한국인 사회와 접할 기회를 별로 갖지 못했어요. 또 계약 기간이 끝나면 반드시 돌아가라고 요구받았으니 한국에 정착하는 것이 거의 불가능했죠. 한국 사회는 이주노동자를 한국 사회가 번영하는 데 필요한 수단, 즉 노동력으로만 인식하는 분위기가 강해요. 그 삶이나 인권에 대한 관심은 적고, 한국인의 일자리를 빼앗는 존재라고 비난하기도 하죠. 인격을 무시하거나 차별과 혐오의 대상으로 삼는 일도 흔해요. 정부가 공공기관을 통해 이주민을 지원하기 시작한 것은 2004년이에요. 고용허가제 시행과 함께 노동부가 권역별로 외국인노동자지원센터를 설치해서 이주노동자를 대상으로 상담과 교육을 하고 있어요. 이주노동자가 많은 지역에는 지자체가 설치하는 지원기관도 늘어나고 있어요. 그러나 계속 엄격한 단기순환 정책을 유지하며 이주노동자의 정주를 막고 있으므로 이주노동자에 대한 정착 지원은 하지 않아요.

비슷한 시기에 한국인이 국제결혼을 해서 외국인 배우자를 맞아들이는 일도 늘어났어요. 정부는 결혼이주민의 정착을 지원하기 위해 전국에 '가족센터'를 열었어요. 가족센터는 주로 한국인과 이주민이 결합하여 구성한 가족을 중심으로 한국어 교육, 문화이해교육, 부부·가족생활 교육, 자녀 양육기술 교육, 자녀를 위한 언어발달 지원과 학습 지원을 하며 정착을 돕고 있어요. 이 정책은 다른 이주민들은 배제한 채 결혼이주민에게만 지원을 집중하고 있다는 이유로 비판받기도 해요. 이 책에 등장한 화자들처럼 다양한 이주민들이 한국에 깃들어 뿌리내리고 있으니, 보다 현실적이고 균형 있는 정책을 고민해야 한다고 말이죠.

이제 새로운 30년이 시작됩니다. 한국 사회는 지금 '변화하라'는 엄청난 시대적 요구를 받고 있어요. 지난 30년 사이에 겪은 변화도 대단했지만 앞으로 다가올 30년간 맞이할 변화는 상상하기 어려울 만큼 거대할 거예요. 대한민국의 인구 감소 때문인데요, 2021년 출생아 수는 26만 500명으로 1991년의 3분의 1 수준, 2001년의 절반 수준이죠. 사망자 수가 출생아 수를 넘어서는 인구 자연 감소가 2020년 처음 시작되었는데 점차 규모가 커질 것이라고 해요. 가임 여성 1명이 평생 낳을 것으로 예상되는 자녀의 수를 나타내는 합계출산율은 2021년에 0.81명을 기록해서 이 암울한 예상을 뒷받침하고 있어요. 일부 언론은 이 상황을 '인구재앙'이라고 표현하고 있죠.

2021년, 정부는 전국 시군구 중 89곳을 인구 감소 지역으로 지정했어요. 인구 감소를 막지 못하면 그 지역은 머지않은 미래에 소멸될 가능성이 크다고 해요. 이처럼 심각한 문제를 해결하기 위한 주요 대책으로 '이민'이 제시되고 있어요. 다른 나라에서 태어나고 성장한 사람을 한국으로 받아들여 생산과 소비에 참여하며 세금을 내고, 현재와 미래를 함께하는 시민으로 정착시키자는 것이죠. 지금까지 정책이 이주노동자를 활용하여 부족한 노동력을 충족한다는 다소 단편적인 것이었다면, 앞으로는 인구정책으로 접근해야 하는 매우 복잡한 상황이에요. 정부는 향후 이민청(가칭)을 개설하고 본격적으로 이민을 받아들일 준비를 할 것으로 보여요. 지금은 지역 소멸이 우려되는 지역에 이주민을 정착시키고, 농어업 이민을 받아들이겠다는 계획 발표와 함께 '이민'에 대한 사회적 공론화 과정이 시작되고 있죠.

하지만 걱정이 커요. 만약 지금처럼 이주민을 반대하는 목소리가 높다면, 불평등한 법을 앞세워 대놓고 차별한다면, 혹은 누가 와서 살든 말든 시민들이 무관심하다면 과연 누가 한국에 매력을 느껴 이민 오고 싶을까요. 지금 선진국들 대부분이 '사람 부족' 현상을 겪고 있어, 이 나라 저 나라에서 이주노동자를 환영하는 손짓이 더 강해질 텐데 말이죠. 정중하게 초대하고 진심으로 환대해야 합니다. 이주노동자와 이주민에 대한 모든 차별을 철폐해야죠. '단기순환형 정책'인 고용허가제를, 정착해서 함께 생활하고 일하며 노년을 준비하는 '정착형 이민정책'으로 전환해야 할 테고요. 이미 살고 있는 이주민이 잘 정착할 수 있게 도와야 하죠. 여기서 태어나고 자라는 외국인 아동·청소년을 적극적으로 지원하여 한국 시민으로 자리 잡게 해야 하겠죠. 이주민과 더불어 어떻게 공정하고 평등하고 평화로운 사회를 이룰지에 대해서 깊이 고민해야 해요.

그 한 가지로 정부의 주민행정서비스 통합을 고려해봤으면 좋겠어요. 지금까지는 국적을 가진 주민 따로 이주민 따로 분리하고, 결혼이주민은 가족센터, 이주노동자는 외국인노동자지원센터로 따로 나누어 서비스해왔어요. 앞으로는 이주민을 '주민'에 포함하는 방식을 생각해보면 어떨까요. 국적이나 체류 자격과 관계없이 지자체가 모든 주민을 등록하고 행정서비스를 제공하는 거죠. 지자체가 주도권을 가지고 새로운 주민을 환영하며 맞이하고 각종 생활 정보와 복지 서비스를 제공하며 체계적이고 종합적으로 지원하는 겁니다. 자녀교육, 언어학습과 문화생활 참여, 지역사회 참여 촉진이 필요하면 교육, 문화를 담당하는 전문기관을 연결하고, 노동 상담과 지원이 필요하면 노동 전문기관을 연결할 수 있겠죠. 금융기관, 의료기관, 경찰서, 법원 등을 무리 없이 이용할 수 있도록 정보와 통역 자원을 연결하고요. 이미 각 지역마다 이주민과 관련된 자원이 상당하게 형성되어 있으니 그것을 잘 찾아내어 연결하고, 부족한 부분은 인근 지자체와 협력하면 어렵지 않게 준비할 수 있을 거라고 생각해요. 행정통합은 이민 사회를 효과적으로 운영하는 데 반드시 필요할뿐더러, 이주민이 분리되는 것을 막아 주민 간 교류와 사회통합에 큰 도움이 될 거예요.

특정 나라 출신 이주민이 일정 정도 모여 활동하고 있다면 정보 제공과 안내, 상호부조를 자체적으로 할 수 있도록 지원하는 것도 좋은 방법이죠. 이주민 스스로 자기 나라 출신 이주민에게 정보와 교육을 제공할 수 있도록 말이에요. 이 책에 소개한 미얀마노동자복지센터, 고려인문화원, 크메르노동권협회, 줌머 공동체, 스리랑카 공동체를 비롯해 훌륭한 온오프라인 이주민 커뮤니티가 많아요. 이 단체들은 자기 언어로 생활, 노동, 의료, 육아, 자녀교육, 직업활동 등에 필요한 정보를 공유하며 공동 활동을 펼치고, 아프거나 생활고를 겪는 등 누군가 어려움에 처하면 모금해서 직접 구제하기도 해요. 이러한 커뮤니티를 찾아내 함께하며 활동을 촉진한다면 사회안전망을 구축하는 데 빠르고 효과적일 거예요.

한국 내 모든 이주자의 고향이라 할 안산을 비롯해, 김포의 줌머 커뮤니티와 안산, 전남 광주, 인천 함박마을의 고려인 마을, 그리고 동대문에 자리 잡은 네팔·러시아·몽골 거리, 인천 부평의 미얀마 거리와 같이 특정 나라 출신 이주민들이 모여 살며 문화를 형성하는 단계에 이른 지역이 있어요. 해당 지자체가 이를 귀하게 여기고 보호하고 지원한다면, 지역에 다양성의 힘을 키우고 지역사회를 통합하는 데 훌륭하게 기여할 수 있어요.

이주민에게 자기 것을 버리고 빨리 한국인이 되어라 강요하지 말고, 자기 고유문화에 자긍심을 가지고 향유하며 주변에 전할 수 있도록 지지하는 것도 필요해요. 이주민들이 자녀 세대에 모어를 전수할 수 있도록 지원하는 것도 필요하고요. 이주민의 자영업 진출을 촉진하는 것도 중요하죠. 문화적 자긍심이 높아지고 경제적인 성공에 이르는 이가 늘어나면, 이주민들이 사회의 좋은 자원이 되어 더 건강한 사회를 만드는 데 기여할 수 있을 테니까요.

모든 일의 바탕은 이주민을 동료 시민으로 받아들이고 평등하고자 노력하는 사회 분위기를 조성하는 일이에요. 이주민을 환대하고 즐거이 친교하는 사회는 저절로 만들어지지 않아요. 이주민과 함께할 때 어떤 장점과 즐거움이 있는지, 이주민이 사회를 위해 얼마나 기여하고 있는지 시민들이 제대로 알 기회를 제공해야 하죠. 인권과 다양성, 공존의 가치가 사회 전반에 확산되도록 시민 교육에 정성을 들여야 해요. 차별하지 않는 사회를 만드는 일에 시민 스스로 나설 수 있도록 민주시민을 키워내야 하죠. 이주민이 정치, 경제, 사회, 문화를 이루는 모든 일상에 참여할 수 있도록 기회를 만들고 적극적으로 제안해야 하고요. 이주민을 포함한 공정한 사회를 이루느냐, 이주민과 더불어 평화롭게 공존하는 사회를 만드느냐 여부가 우리 사회의 미래를 결정하게 될 거예요. 더 나은 미래를 열어가는 일, 같이 헤쳐나가볼까요?

안전하고 질서 있고 정규적인 이주를 위한 글로벌 콤팩트

GCM Global Compact for Safe, Orderly and Regular Migration

2018년 12월, 세계 164개 국가는 국제적인 약속 문서 '안전하고 질서 있고 정규적인 이주를 위한 글로벌 콤팩트'(이하 이주 글로벌 콤팩트)를 채택하고 유엔의 승인을 받았어요. 대한민국도 참여했죠.

국제사회는 급속도로 증가하는 국제 이주를 효율적으로 관리하고 이주민의 권리를 보호해야 한다는 것에 동의하고 그 구체적인 방법에 대해 수년간 논의해왔어요. 그 결과, 인류 공동의 약속을 담은 세계인권선언(1948년), 난민의 지위에 관한 협약(1951년), 모든 이주노동자와 그 가족의 권리보호에 관한 협약(1990년)을 잇는 이주 글로벌 콤팩트를 채택한 것이죠.

참여 국가들은 국제 이주의 전 과정에 걸쳐 이주민들이 인권과 자유를 보장받을 수 있도록 협력하겠다는 약속을 담아 23개의 구체적인 목표를 정해 이주 글로벌 콤팩트에 담았어요. 이 약속은 국제법처럼 꼭 지켜야 한다고 강제하지는 않아요. 하지만 각 국가와 시민사회가 적극적으로 해석해서 국내법과 제도를 만들어 실행하고, 국가들 간에 서로 이행을 촉구한다면, 이주민 권리를 확장하는 데 넓고 든든한 발판이 될 거예요.

IOM 국제이주기구 홈페이지(www.iom.or.kr)에서 관련 내용을 확인할 수 있습니다.

나는 미래를 꿈꾸는
이주민입니다

더 나은 '함께'로 나아가는 한국 사회 이주민 24명의 이야기

ⓒ 이란주, 2022

초판 1쇄 발행 2022년 11월 18일
초판 3쇄 발행 2023년 8월 25일

지은이 이란주
펴낸이 이상훈
편집2팀 원아연 허유진
마케팅 김한성 조재성 박신영 김효진 김애린 오민정

펴낸곳 (주)한겨레엔 www.hanibook.co.kr
등록 2006년 1월 4일 제313-2006-00003호
주소 서울시 마포구 창전로 70(신수동) 5층
전화 02-6383-1602~3
팩스 02-6383-1610
대표메일 book@hanien.co.kr

ISBN 979-11-6040-914-7 (03330)